每天，每天
Home Café

朴星美（Park Seong Mi）

喜歡美食，享受到漂亮的咖啡館去拍照、以
文字記錄的生活。會把自己親手做的飲料和
甜點上傳到社群平台，經營屬於自己的家庭
咖啡館。曾經在**Class 101**上，開設以「棉花
糖咖啡館」為名的線上居家咖啡課程。希望
在炎熱的夏天到來之前，打造一個雅緻的空
間，跟更多人一起分享美味甜點、飲料與小小
的喜悅。

instagram 棉花糖咖啡廳 @som_e92

每天，每天
Home Café

77 種咖啡館人氣飲品，
在家輕鬆重現！

朴星美 Park Seong Mi ──著

open, home cafe

coffee, tea, and fruits
iced drink recipe 77

序

跟很多人一樣，我也曾經問過自己：「我擅長什麼？」「我想做什麼？」最後我決定要選擇自己想做的事情，所以就辭職離開公司，開始挑戰新的領域。但是「想做的事」和「擅長的事」之間有很大的差異。能夠跨越這道高牆的只有「努力」，而我無法努力到讓自己足以跨過這道牆，所以我的人生便開始往超乎預期的方向發展。

雖然一直很徬徨，但在過程中我還是有個小小的喜悅，那就是到咖啡廳去享用精美的飲料、美味的甜點，並用照片將這一切記錄下來。有時候我一天會跑四、五個地方，喝咖啡、吃甜點的次數甚至比吃飯更多。某天我突然在想，「我也可以做出這麼美的咖啡嗎」？我買了漂亮的玻璃杯和水果回家，回想在咖啡廳看到的飲料，試著用我自己的食譜做出各式各樣的成品。

我第一個嘗試的飲料是草莓思慕昔。把豔紅的草莓打成汁，裝在玻璃杯裡，然後再擠上鮮奶油、放上草莓。

雖然賣相不怎麼樣，但喝起來非常健康。我加了糖漿和蜂蜜，做成類似咖啡廳的口感。試著用各式各樣的食材來做新的嘗試，也讓我對這個領域越來越好奇，開始會拿一些自己原本不喜歡的食材來使用。因為投注了許多心力去做飲料，所以自然會對食材產生興趣。

起初因為沒有一口杯，所以飲料會一直流出來，沒有冰塊勺，所以只能用紙杯裝冰塊。但我每天都會做飲料，也會邊做邊想「還有什麼更好喝的飲料」「這個材料要放多少」「換用這種食材怎麼樣」，經過多次的嘗試之後，創造出屬於我的食譜。我會去買好看的裝飾品，也會蒐集自己喜歡的杯子，我甚至在不知不覺間買了新的桌子和濃縮咖啡機，在房間裡開了一間小小咖啡館。

早上一睜開眼，我就會煮一杯香氣四溢的咖啡，享受這悠閒的感覺。就算不是一早起來就這麼做也沒關係，你也可以試著在結束疲憊的一天回到家時，深吸一口冷涼的空氣，不要去想「又過了疲憊的一天」，而是開始為辛苦一天的自己做一杯飲料吧！刺激鼻尖的香濃紅茶、深沉濃郁的咖啡、會讓心情180度大轉變的甜蜜氣泡飲，都是專屬個人的慰藉。好好享受這安穩的時光吧！只要10分鐘、20分鐘，不需要花太多時間，只要自己能夠充分享受就好。這聽起來很老套，但其實幸福就在不遠處。

思考要用什麼杯子、要放什麼形狀的冰塊才能凸顯飲料的魅力等等，當你在準備材料、挑選工具的時候，那種小小的悸動就會讓你的心情變好。在準備《每天，每天Home Café》這本書時，我又再一次體會到，這世界上有很多不同的飲料，我們還可以做更多不同的變化。試著挑戰新的組合、添加喜歡的食材，做出屬於自己的食譜吧！可以大聲地告訴別人，這是天然的美味。越是分享，喜悅的感受就越強烈。

現在讓我們一起，開始自己當老闆，經營居家咖啡館吧！

—

CONTENTS

—

—

LESSON

—

COFFEE

FRUITS

160

138

154

180

146

TEA

200

196

204

198

190

192

226

230

224

222

234

232

228

2_紅茶與香草茶

—

LESSON

—

書中介紹的食譜食材與份量，皆是以一杯為基準。
如果分量有異，會在旁邊另外標註。

1_ 認識食材

要做出一杯好喝的飲料，最不可或缺的就是食材。先選擇咖啡、茶、水果等主要材料之後，再根據個人喜好選擇糖漿、乳製品或巧克力作為搭配。不同的品牌或製造商推出的食材，味道都會有所差異，如果想找到適合自己口味的食材，建議最好多方嘗試。首先，就來認識一下每一種食材的特性吧！

咖啡

不同型態的咖啡

咖啡的市場呈現爆發性的成長，現在開始有越來越多人在家也會享用咖啡。也因此，一般人可以更輕易地接觸到不同的萃取方式與工具。咖啡的味道，會隨著萃取方法而改變。有不受地點限制，可以很快喝到咖啡的即溶咖啡包，也有需要等待時間，但是風味卻與眾不同的冷萃咖啡，還有可以品嘗到濃郁咖啡香的濃縮咖啡等等。

原豆

從咖啡樹上採下，尚未經過加工的果實就稱為原豆(咖啡豆)。將從咖啡樹上採下的果實拿去洗滌，把籽挑選出來，放到陽光底下晒乾，經過一定時間的烘炒，再磨碎之後，就可以做成我們熟悉的咖啡。經歷這個過程，咖啡的香味會更加濃郁。磨碎的咖啡豆可以利用濃縮咖啡機等工具，萃取成我們平常喝的咖啡。

即溶咖啡

是將咖啡磨成粉包裝起來的產品，有加糖的甜咖啡，也有可以品嘗到原味的黑咖啡。即溶咖啡的優點就在於用冷水也能夠泡得出來。只要拿紙杯裝約三分之二的水，再倒入一包即溶咖啡粉，然後加點冰塊就可以了。調整水量就可以喝到較濃或較淡的咖啡。

耳掛咖啡

把處理過的咖啡豆磨成粉裝在布袋裡，需要的時候就加熱水泡成咖啡，攜帶非常方便。只要把耳掛咖啡包掛在馬克杯或是保溫杯的邊緣，加點熱水下去，很快就可以品嘗到風味絕佳的咖啡。水的溫度最好控制在80到90度之間，泡咖啡的時候要先從耳掛包上面倒水下去，讓裡面的咖啡粉浸溼，然後再把水分三次慢慢倒入，以萃取出美味的咖啡。

冷萃咖啡

冷萃咖啡是用冰水或常溫水萃取出的咖啡。跟用熱水萃取的義式濃縮咖啡不同，是先把咖啡豆冷泡24小時，然後再加水稀釋飲用。短的話需要3到4小時，長則要24小時的萃取時間。如果是用茶包形式的咖啡包，則大約需要8小時左右。經過適當泡泡的冷萃咖啡比較不苦，味道會比較柔和順口。

咖啡豆的種類

咖啡會依據原產地、品種、烘焙程度的不同，而產生不同的風味與特徵。因為是一種很看個人偏好的飲品，所以如果能配合個人喜好選擇豆子去烘，就能夠做出更讓自己滿意的飲料。咖啡的品種，大致可分為阿拉比卡與羅布斯塔兩種。阿拉比卡占全世界咖啡產量的百分之70，豆子本身呈現長型，且中間的裂紋是曲線。阿拉比卡豆雖然栽種麻煩，但味道與香氣都非常出色，所以產量也不斷地增加。羅布斯塔則占全世界咖啡產量的百分之30左右，豆子較圓，中間的裂紋呈一直線。喜好溼度較高的高溫地區，不容易受病蟲害侵襲，是很強壯的品種。咖啡豆會依照栽種的國家、地區、等級取名。舉例來說，像是肯亞AA，那就是肯亞產的咖啡豆，等級是AA，衣索比亞耶加雪菲則是耶加雪菲地區生產的咖啡豆。

肯亞AA
是生長於非洲吉利馬札羅山東側的咖啡，特色是濃稠且獨特果香與微酸的滋味。是一款很平衡的好咖啡豆。

哥倫比亞Supremo
產自肥沃地區的哥倫比亞Supremo咖啡豆，是最能代表中南美洲的咖啡。可以品嘗到柔和的酸味、濃郁的巧克力香。由於順口且較不酸，所以很推薦給咖啡初學者品嘗。

印尼蘇門答臘曼特寧
這款咖啡豆有著沉穩厚實的口感，且酸度適中，參雜一些柔和的甜味。這款豆子比較不酸，又帶點泥土的氣息，所以喜好很兩極，但可以算是一款高級的咖啡豆。

衣索比亞耶加雪菲
這是在衣索比亞南部耶加雪菲地區的高山地帶栽種出來的咖啡豆，是衣索比亞咖啡中味道最高雅的知名咖啡豆。咖啡豆的顏色較淺，且可以聞到薰衣草與伯爵茶的香味。雖然偏酸，但配上淡淡的甜味之後，口感變得比較柔和。

瓜地馬拉安提瓜
整體非常平衡的咖啡豆，沒有什麼多餘的味道，可以品嘗到爽口的甜。

適合咖啡機的顆粒大小

使用不同咖啡豆的時候，都應該要配合萃取的方式，調整咖啡豆研磨顆粒的粗細，雖然很麻煩，但咖啡豆的粗細會對味道造成影響，所以一定要好好調整。如果沒有電動研磨機，也可以使用能以螺絲來調整顆粒粗細的手工磨豆機。可以調整的範圍從法式壺到義式咖啡機都有，建議配合豆子的特性來調整。

法式壺用
只要磨成還可以摸得到豆子顆粒的程度就好，大概就是跟粗鹽差不多的程度。

手沖咖啡用
手沖壺因為不會施加壓力，是用濾紙來萃取咖啡，所以咖啡脂等成分或其他細微的粒子都會被濾紙過濾掉。所以如果是用手沖壺，咖啡豆的粗細應該介在法式壺與摩卡壺之間，大概比粗鹽再稍微細一點。

冷萃咖啡用
請磨得比摩卡壺粗，大概比砂糖更粗一點。

摩卡壺用
摩卡壺是透過加熱的方式來煮出濃縮咖啡，所以顆粒必須要細一點。顆粒的粗細大概介在手沖咖啡與義式濃縮咖啡之間，和砂糖差不多的大小。

義式濃縮咖啡用
萃取義式濃縮咖啡的時候，咖啡豆必須磨得最細。大概是用手去摸，會覺得非常細緻的程度。要磨得比砂糖的顆粒更細。

即溶咖啡包

茶粉

茶包

咖啡豆

茶包

茶葉

冷萃咖啡

茶

不同型態的茶

茶是從茶樹上將葉子摘下來，經過加工後製成的飲品。雖然拿植物的葉子、根或是水果等來萃取、醃漬製成的也叫做茶，但通常我們說到茶，指得都是用茶葉泡成的飲品。茶通常都是用茶葉或是茶包泡的，茶葉的風味比較濃郁，茶包則是攜帶方便，隨時隨地只要有杯子和水，就可以快速地品嚐到一杯茶，但茶包的風味卻不如茶葉。茶粉則可以有不同形式的品嚐方法，可以做成抹茶拿鐵、艾草拿鐵等，搭配乳製品一起享用。

茶葉
指的是維持原本茶葉的型態，直接拿去炒或是蒸，不對外型做任何更動的茶，只要用熱水沖泡就能使茶葉恢復原本的形狀。放入適量的茶葉到濾泡器中，放在杯子裡再加入熱水，很快就能泡出一杯茶。如果要泡大量的茶，則需要用到茶壺。

茶包
茶包是把茶葉磨細，裝進小袋子裡的茶。因為已經磨碎，所以雖然量比茶葉少，但還是可以在短時間內泡出濃郁的茶，更免去了泡茶時要把葉子濾掉的麻煩。讓喝茶這件事情更簡單，不過沖泡的時間也不太一樣，建議還是要參考說明書。

茶粉
將茶葉用蒸籠蒸過，放在陰涼處下陰乾後製成粉末，通常會直接拿粉泡水喝。抹茶、艾草茶等都屬於這一類。也可以把茶粉裝在茶碗裡，用茶筅攪拌之後再喝。

茶的種類

根據加工方法的不同，茶的味道會不一樣。綠茶和紅茶兩種都是使用茶葉製成，但一種未經發酵，另外一種則經過發酵。發酵過程和時間雖然有所不同，但一般來說，紅茶在加熱處理之前，都會先經過發酵。經過熱處理之後再發酵的稱為後發酵茶，像是黑茶、青茶等，烏龍茶、普洱茶也屬於這一類。此外，也有將嫩葉摘下之後，不做任何處理直接乾燥製成的白茶。加工方式會造成茶葉本身的顏色、沖泡出的茶色差異，同時也會使茶的味道截然不同。

紅茶

是因製造工法需要經過發酵而呈現紅色的茶，在熱處理之前就先發酵，分為只有茶葉的大吉嶺、阿薩姆、英式早餐茶等。紅茶通常會依照栽種地區、添加的香料或材料等來取名，每一種紅茶所需的沖泡時間和水溫都不一樣，沖泡前請參考說明書。東方雖然因為沖泡出來的顏色而稱其為「紅茶」，但西方卻因為紅茶的茶葉呈現黑色，而將其稱為「Black Tea」。

綠茶

這是一種將茶葉磨碎後泡來喝的茶，是使用未經遮光栽培的嫩葉磨製而成，比抹茶粗一些，是種以破壞氧化酵素的方式維持綠色的不發酵茶。通常在沖泡綠茶的時候，會用 70 到 80 度 C 的水浸泡兩分鐘左右再飲用。綠茶含有豐富的維生素E與維生素C。

抹茶

這是日本人稱之為抹茶的高級茶粉，要使用抹茶的專用機器，用蒸籠將茶葉蒸過之後，放在陰涼處陰乾後將葉脈去除，再磨碎成細粉。有著非常深的綠色，但製成飲料也不會使顏色變濁。雖然可以直接泡水喝，但加了牛奶和糖之後，更能品嘗到其獨特的溫和口感。

混合調味茶

是在茶葉中加入香味製成的茶，我們最熟悉的調味茶是加了佛手柑的伯爵茶。如果拿加了栗子、焦糖、巧克力的茶去調製奶茶，可以使奶茶的味道更豐富，最好以帶有草莓、芒果、水蜜桃等果香的茶沖泡而成的冰紅茶做為基底。如果不熟悉紅茶，可以試著從具有甜蜜香味的調味茶開始嘗試。

香草茶

這是將香草乾燥後加工製成的茶。主要包括迷迭香、茉莉花、薰衣草、洋甘菊、辣薄荷、南非茶等，通常以茶包或是茶葉的形式沖泡，如果是用曬乾的香草直接沖泡，也因為葉子本身已經發酵，可以直接飲用，所以不需要其他工具。

洛神花茶

洛神花茶富含鐵質、鈣質與維生素，即使不添加色素，也能夠沖泡出美麗的紅色，通常會泡茶喝或是做成冰品。因為略帶甜味，所以最好不要空腹飲用或是大量攝取。

1認識食材

水果

新鮮水果的挑選方式

葡萄柚
建議挑選果皮帶有光澤，壓下去不會凹陷且可以維持原狀的葡萄柚。用報紙包起來放著，就可以防止水分蒸發，大約可以放1個月左右。

檸檬
建議挑選果皮帶光澤，呈現鮮豔的黃色且拿起來較重的。檸檬也是用報紙包起來放著，就可以防止水分蒸發，大約可以放1個月左右。

蘋果
建議不要選擇接近梗的部位還帶點綠色的蘋果。應挑選整顆果實完全變紅，且帶有光澤、沒有任何傷痕，相當飽滿的蘋果。蘋果放在冰箱裡一個星期，都算是最佳賞味期限，建議在一星期內吃掉。

鳳梨
鳳梨的冠芽部分的葉子呈現深綠色，香味越濃越好。鳳梨如果還沒有變黃，那就應該放在室溫下通風處，倒過來讓冠芽部分朝下，以幫助鳳梨成熟。成熟之後再把皮跟果肉分開，把鳳梨切成正方形之後冷藏。

柚子
這是一種皮和果肉都能用的水果，所以必須要好好挑選。好吃的柚子果皮不該有傷痕，而且要厚實、凹凸不平。跟檸檬和葡萄柚一樣，用報紙包起來放就可以了。

草莓
好吃的草莓蒂會呈現深綠色，而且會呈現微溼的狀態。散發著香甜的氣味，果實呈現鮮豔的紅色尤佳。不要太小也不要大小不均，大小差不多且沒有傷痕的草莓，甜度會比較高。草莓放2到3天就會開始變軟，建議購買之後應該馬上吃掉。

水果的吃法

了解水果的特性之後，就可以吃得更美味、更健康。如果水果要連皮吃，那就應該連帶的部分一起仔細咀嚼。連皮一起吃雖然可以攝取到完整的營養，但為了讓我們能夠品嘗到香甜的水果，還是建議把皮剝掉或削掉再吃比較好。這樣一來就可以擺脫糖漿等人工的甜味，感受到水果獨特的新鮮香氣在嘴裡擴散開來。

連皮一起吃的水果該如何清洗

如果要把水果連皮一起做成酵素，或是想要連皮一起吃的話，那清洗就很重要，請分三階段把水果洗乾淨。

[1] 盆子裝滿水，加入1大匙小蘇打粉，把果皮上的髒東西洗乾淨。
[2] 用粗鹽再搓洗一次果皮。
[3] 水煮沸之後把火關掉，然後把水果放進去泡個2到3分鐘消毒。
　*像草莓這種容易變軟的水果，通常是用自來水洗個兩到三遍。洗草莓的時候通常不會把蒂剝掉。

打成果汁喝

西瓜、香瓜、哈密瓜等水果水分含量高，很快就會爛掉，所以通常會加點水，用果汁機打成果汁來喝。不要把籽去掉，放進去一起打，就可以保留完整的營養。

做成酵素

當季水果加砂糖發酵後做成水果酵素，接著就可以拿來製成氣泡飲或是水果茶等不同的飲品。酵素的優點在於過了產季之後，也可以繼續享用到這種水果。但建議不要用變軟的水果，或甜度較低的水果來製作，要趁水果甜度高的時候做酵素，這樣酵素的味道才會又甜又濃郁。

做成水果乾

水果曬乾可以當成點心來吃，也很適合用來裝飾飲品或是食物。對不太喜歡喝水的人來說，在水裡加一點果乾，可以喝到隱約的水果香，對攝取水分很有幫助。如果是當成點心來吃，則推薦草莓、香蕉、葡萄柚、蘋果、奇異果等，鳳梨吃起來酸酸甜甜的很迷人。如果是用食品乾燥機，則可以把營養完整保留下來。將處理好的水果，以0.5到1公分的間隔擺在烤盤上，放進食物乾燥機裡調整時間料理即可。

其他的食材

乳製品與醬料

飲料雖然完成了，但感覺還是缺了什麼的時候，這裡的食材就可以幫助你補足那缺少的百分之2。雖然看起來好像可有可無，但加進去之後會大大影響味道，可以讓飲料更加完美。

巧克力醬

巧克力醬可以淋在鮮奶油或是奶泡上，也可以加在義式濃縮咖啡裡做成摩卡咖啡。加在熱牛奶裡面，就可以馬上做出熱巧克力。黑巧克力醬的巧克力味比較濃，牛奶巧克力醬則比較甜。

氣泡水

這是在礦泉水中加入氣泡製成的水。因為零熱量，所以可以代替一般的水。喝起來清涼又爽口，只要喝一口就會覺得通體舒暢。通常會用來製作氣泡飲、咖啡、茶或思慕昔。

巧克力塊

是以巧克力與砂糖為主原料製成的塊狀巧克力。主要用於烘焙，但因為很甜而且很容易融化，所以會隔水加熱之後，用來當作巧克力拿鐵的原料。也會用研磨器稍微磨碎，保留巧克力的樣子來做裝飾。可可含量高的黑巧克力較苦，如果是用牛奶巧克力，或可可含量百分之70的產品，甜度會比較適中。

冰淇淋

與年齡無關，每個人都會喜歡冰淇淋，通常用於阿芙佳朵、冰淇淋拿鐵、紅豆冰等，冰淇淋本身就是一道很棒的甜點。

牛奶

是具有香醇風味的白色液體。在做咖啡的時候常會用到，義式濃縮咖啡只要加牛奶，就可以做出香氣四溢的咖啡。把牛奶打成鬆軟綿密的奶泡，則可以在咖啡上拉花，也很適合搭配綠茶和紅茶。

巧克力塊

巧克力醬

冰淇淋

氣泡水

砂糖

鮮奶油

牛奶

楓糖漿

煉乳

砂糖

砂糖是一種增加甜味的食材，甜且溶於水，常用於製作各種糖漿與水果酵素。砂糖也不只用來製造甜味，更可以降低酸味或苦味。

鮮奶油

乳脂肪成分含量超過百分之18的純動物性鮮奶油奶味較為強烈，跟打發鮮奶油不一樣，口感比較不膩，而且也更順口。動物性鮮奶油都是無糖，所以通常會加砂糖使用，在做較甜的焦糖醬或巧克力糖漿時也會用到。通常會用於搭配濃郁的義式濃縮咖啡或咖啡拿鐵等咖啡飲品，也會用於甜點或義大利麵當中，用途十分廣泛。

煉乳

是牛奶與砂糖濃縮後製成，味道比砂糖更順口。常用於煉乳拿鐵、越南咖啡與冰品中。保存期限比牛奶長，保存也方便許多。

楓糖漿

是用楓樹的樹液萃取製成的糖漿，很適合當作砂糖的替代品。烤得焦黃的麵包可以搭配冰淇淋和楓糖漿，也可以在熱牛奶裡加入楓糖漿，讓牛奶更加美味。

砂糖與糖漿

在做飲料的時候，這兩樣都是不可或缺的食材。糖的甜可以蓋過乾澀、苦澀的口感，增添飲料的甜味，廣泛地使用於咖啡、茶、水果飲料當中。結晶化的砂糖1克大約是4大卡，熱量偏低。糖漿則是將砂糖融化製成的加工糖，可以加水和其他香料在家裡自行製作，主要會搭配香草莢、肉桂捲和水果等。砂糖和糖漿的甜味很重，熱量也很高，請注意不要過量攝取，一天25到30克是最適當的份量。

砂糖

最常見的糖，甜度也較高。將甘蔗榨汁加熱，讓水分蒸發後留下的結晶就是砂糖。砂糖本身是白色的，顆粒也很細，很容易溶於水，沒有其他的味道，可以調出很清爽的甜味，用於製作咖啡和其他飲料的時候，不會影響到飲料本身的味道，更可以提升風味。在做飲料的基底時使用，可以讓顏色更柔和，在做水果酵素時使用，則能夠使水果酵素的顏色更透明美麗。

黑糖

這是將精製砂糖加熱，使其呈現深色的糖。加熱的同時原糖中的香味會留下來，味道跟砂糖沒有太大的差異。通常會用在焦糖糖漿、楓糖漿、梅子酵素等顏色較深的加工產品中。

白糖漿

不添加其他的食材，只用水和砂糖熬煮而成。如果覺得美式咖啡的味道太重，那就可以加點白糖漿。用砂糖做的話就是清澈的透明糖漿，用黃糖或黑糖去做的話，則會是顏色較深的糖漿。

冰塊

在做冰的飲料時，冰塊非常的重要。紮實的冰塊融化的速度較慢，可以讓其他的食材都跟著降溫，防止飲料的味道變淡。通常會先把水煮沸一次，然後再拿去結凍成冰塊，這樣做出來的冰塊比較透明。使用透明的冰塊，而非不透明且有裂痕的冰塊，也可以讓飲料看起來更清澈、美味。

碎冰

可以讓飲料從冰塊之間流過，在做花式拿鐵，或要用開口較小的瓶子來裝飲料的時候，就很適合使用這種冰塊。可以用製冰機製作，或是到便利商店去買。

鑽石冰

使用鑽石形狀的模具製成的冰塊，必須去買製冰模來自己製作。用於製作氣泡飲或是水果茶，可以讓飲料看起來更美。加點顏色進去，就可以讓冰塊看起來像寶石一樣。

圓冰

直徑3公分左右的圓形冰塊，外型非常可愛，很適合想要凸顯冰塊存在的果汁、茶飲使用。用市售的製冰模就可以做得出來。

方冰

正方形的冰塊大小有很多種，主要用於製作咖啡。使用正方形的製冰模就可以做得出來，也可以在便利商店或超市買到。

小方冰

小方冰最常用來做冰咖啡。吃起來比大冰塊方便，而且也比較不會刺激牙齒，用50格左右的製冰模就可以做得出來。

大圓冰

球形的大顆圓形冰塊，融化的速度很慢，只要用一、兩顆，就可以維持飲料的溫度，直到飲用完畢。做法是先在圓形的製冰模裡倒滿水，蓋上蓋子，然後再從中間的縫隙把水灌進去。必須要裝滿水，才能夠做出球形的冰塊。

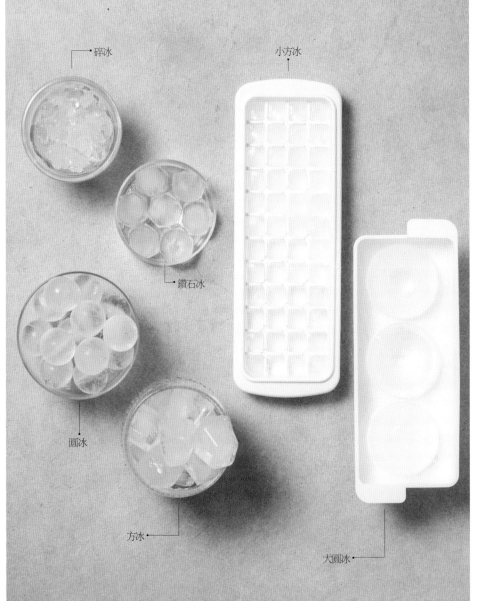

碎冰

小方冰

鑽石冰

圓冰

方冰

大圓冰

2_ 認識工具

雖然不必一開始就備齊所有的工具,但這裡還
是介紹一些先買起來會比較好的工具。像是用
手拿冰塊不太衛生,冰塊也會因為手的溫度而
加快融化速度,所以如果能有個冰塊夾,就可以
俐落地把冰塊裝進杯子裡。正確地了解咖啡機、
玻璃杯等各種工具的用途,然後再開始挑戰做
飲料吧!這樣成品的完成度也會提高喔!

咖啡萃取工具

萃取咖啡時，我們會使用義式濃縮咖啡機、濾杯、摩卡壺、膠囊咖啡機等各式各樣的工具。了解每一種工具的特徵，用最適合自己的產品來享受咖啡脂（Crema）和原豆的風味吧！

家用咖啡機

可以做義式濃縮的家用咖啡機是必備工具。產品的種類很多，有含研磨機的，也有必須分開來購買的。如果是使用半自動咖啡機，就必須要掌握咖啡豆的特性，自己去調整顆粒的粗細和分量，才能夠泡出咖啡，但相對地，保養起來也很繁瑣。自動咖啡機與膠囊咖啡機雖然方便，但卻無法控制重要的咖啡豆量、填壓的強度、萃取的壓力，很難喝到咖啡更深層的美味。如果每天都要喝一、兩杯咖啡的話，那就建議購買一臺咖啡機。

摩卡壺

摩卡壺價格便宜，又可以泡出很棒的咖啡，尺寸非常多，使用起來非常靈活。因為是藉著蒸氣壓力來萃取咖啡，所以咖啡脂層會比較薄，但可以在短時間內萃取出濃縮咖啡。裝豆子和水的空間，和濃縮咖啡萃取後的存放空間是分開的，但壺本身是一體成形。通常是用來萃取一人分的少量濃縮咖啡，不太占空間，收納也很方便。二人到三人用的摩卡壺則適合在招待客人時使用，六人用的雖然可以一次萃取大量濃縮咖啡，但萃取出的咖啡味比其他尺寸的摩卡壺淡一些。

濾杯

在做滴漏式咖啡時，會需要用到滴漏咖啡壺、濾杯、細口壺以及濾紙。體積不大，在戶外也能夠輕鬆煮咖啡。濾紙裝了豆子之後，要倒入90到100度的水，均勻地將豆子浸溼，這樣味道才會均衡。水必須以螺旋形倒在豆子上，避免濾紙碰到水。滴漏式咖啡適合像冷萃咖啡一樣加水稀釋飲用。

膠囊咖啡機

把拋棄式膠囊放入機器中，輕輕鬆鬆就能泡出一杯濃縮咖啡，不需要磨豆或是填壓，用法也不困難。不同的膠囊會有不同的味道，優點是萃取濃縮咖啡的時間很短。但特定品牌的咖啡機只能用相同品牌的膠囊，壓力本身也偏低，比較沒辦法做出花紋、分層等效果。

其他的工具

有一些工具可以廣泛地用於製作各種飲料。事先掌握各工具的使用方法，就可以更快、更專業地做出飲料了。一起來認識每種工具的用法，了解自己需要的究竟是哪些工具吧！

冰塊夾

在取用冰塊時使用的工具，也可以用冰塊勺。如果是用大顆的冰塊或是圓形的冰塊，用夾子則比較不會滑掉，方便許多。冰塊夾通常都是不鏽鋼材質，但也有塑膠或木質的。為了防滑，建議使用鋸齒狀的夾子比較好。

茶筅

讓水和茶可以更均勻地混合在一起的工具。茶粉加進水裡，再用茶筅均勻攪拌。茶筅通常都是竹子做的，隨著竹穗根的多寡，分成80本、100本、120本等。

茶匙

用來盛綠茶粉或抹茶等茶粉的工具。一匙就是一杯的分量，有金屬等各種材質，但最常用的還是木頭做的茶匙。

濾茶器

泡茶時用來將茶葉濾掉的工具。用竹子做成的濾茶器耐潮又快乾，更可以增添喝茶的氣氛。小的濾茶器大多是5公分，可以直接放在玻璃杯上使用，大的則有8.5公分，適合茶壺或是較大的玻璃碗。用完之後稍微用水沖一下，放在通風的地方晾乾即可。

計量匙

量食材分量時使用的工具，通常是不鏽鋼製的，但也有矽膠或塑膠製的計量匙。尺寸有1.25毫升、2.5毫升、5毫升、7.5毫升、15毫升等。大匙通常是指湯匙，1大匙大約是15毫升，小匙則是茶匙，1小匙是5毫升左右。

咖啡填壓器

填壓器是把咖啡粉裝進濾器把手之後，將咖啡粉壓平的工具，有不鏽鋼、木頭、塑膠等材質。通常會使用5〜5.2公分的填壓器。也有可以拿來舀咖啡粉的填壓器。隨著填壓的強度不同，濃縮咖啡的味道與咖啡的分量都會改變，所以填壓器的選擇非常重要。

攪拌棒

喝飲料之前，把所有的食材攪拌均勻的工具。有不鏽鋼、塑膠、矽膠等許多材質，長度大約是18到23公分。拿金色的攪拌棒插在杯子裡，看起來會更加高級。用完之後要立刻洗乾淨，並把上面的水擦乾。

牛奶鍋

煮糖漿、飲料原汁、水的時候使用。牛奶鍋通常是500到1000毫升，大多用來煮少量的糖漿或是熱牛奶。不鏽鋼與琺瑯材質的牛奶鍋可以先加點小蘇打或是醋，稍微煮一下之後用清水洗淨再使用。

篩子

要在泡沫上頭撒一些粉做裝飾時，使用篩子就可以讓粉末類的食材像是雪花一樣撒在上面。通常是11公分左右，可以單手拿住的大小最為恰當。網眼要細，這樣才能濾得乾淨，顆粒也會比較細。建議每次使用時都先放入適量的粉，然後再自行調整用量。

冰塊夾

茶匙

計量匙

茶筅

攪拌棒

填壓器

濾茶器

牛奶鍋

手沖細口壺

篩子

迷你電動攪拌器

手動磨豆機

迷你電動攪拌器

迷你電動攪拌器的長度大約20公分最剛好，握柄的部分有「開／關」的按鈕，在打泡沫的時候可以不必一直壓著。因為尺寸不大，所以通常會用來做少量的打發奶油或是奶泡，要把粉拌在一起或打發雞蛋時都可以使用。

手沖細口壺

手沖細口壺容量通常是350到500毫升。因為壺嘴的曲線柔和，出來的水柱又細又輕，很適合在手沖咖啡時使用。清洗的時候，可以用軟的菜瓜布刷洗壺的內外，然後將水從壺嘴倒出，直到倒出來的水完全不帶任何泡沫為止。

手動磨豆機

如果買磨豆機會給你帶來負擔，那我推薦手動磨豆機。在沖濃縮咖啡之前，用磨豆機把豆子磨碎，就可以品嘗到更濃郁的咖啡香。用手動磨豆機之前，應該要確認該款咖啡豆適合的顆粒粗細，然後再開始磨豆。這款磨豆機的造型古色古香，還兼具裝飾擺設的效果。鐵製的部位盡量不要碰到水，用完之後用刷子把殘留的咖啡粉刷出來，然後用衛生紙把咖啡豆的油脂擦乾淨就好。

調理機

用來粉碎食材、將水果跟冰塊打在一起，或是將冰塊打碎的時候使用。如果是打比較軟的水果和蔬菜，那就可以用小型的調理機，但在打冰塊的時候，則需要大台且具有可調整強弱功能的調理機。用完之後要用菜瓜布，把刀刃仔細地刷洗乾淨才行。

玻璃杯

玻璃杯主要的角色是襯托飲料。看是要挑選線條美麗的玻璃杯，還是細長的玻璃杯，選擇適合飲料的玻璃杯，就可以讓飲料看起來更獨特。玻璃杯的角色，在製作冰飲的時候更加重要。玻璃可以呈現飲料的顏色，能夠讓飲料看起來更清爽，所以選擇適當的杯子是最重要的。建議在做飲料的時候，應該先選擇杯子，然後再選擇冰塊，最後再把飲料裝進去。

1. 菱格玻璃杯
透明且以斜線做出馬賽克效果，更增添神祕氣息。

2. 雞尾酒杯
杯緣較薄，可以抹上鹽巴或砂糖，通常是調雞尾酒時使用，有著簡單又時尚的線條。

3. 山型杯
獨特的外型令人聯想到一座山。拿一點巧克力加熱融化，倒在杯緣的地方，可以讓整杯飲料看起來更有山的姿態。

4. 紅酒杯
握柄的部分細薄狹長，用來裝飲料的話會更有氣氛。

5. 水滴杯
細長的杯子雖然容量不大，但用來裝氣泡類的飲料卻非常亮眼。

6. 一字杯
用來裝啤酒、果汁、水等，是設計很簡單的杯子。

7. 茶杯
用來裝容量較少的飲料。也可以用來裝飲料原汁或是糖漿，跟用其他杯子裝的飲料一起端上桌。

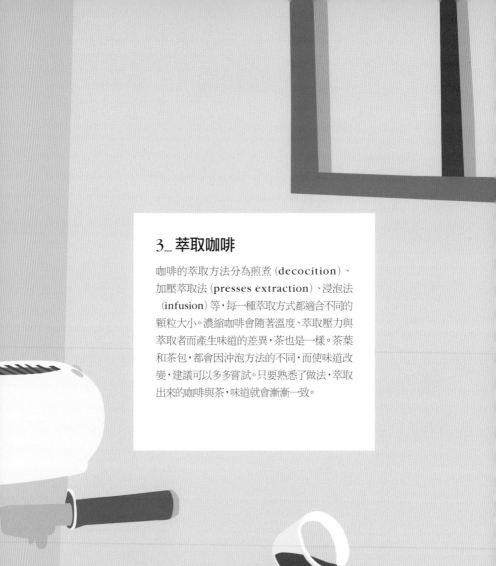

3_ 萃取咖啡

咖啡的萃取方法分為煎煮（decocition）、
加壓萃取法（presses extraction）、浸泡法
（infusion）等，每一種萃取方式都適合不同的
顆粒大小。濃縮咖啡會隨著溫度、萃取壓力與
萃取者而產生味道的差異，茶也是一樣。茶葉
和茶包，都會因沖泡方法的不同，而使味道改
變，建議可以多多嘗試。只要熟悉了做法，萃取
出來的咖啡與茶，味道就會漸漸一致。

冷萃咖啡

材料
冷萃濾包1個（咖啡豆35克）
水1公升

冷萃咖啡的咖啡豆不加熱，而是長時間浸泡在冷水中，酸味較一般的咖啡更弱一些，口感比較柔和，咖啡因含量也比較低。只要用密封的水瓶或是容器，把冷萃咖啡濾包或豆子放進去，在低溫下浸泡即可。

Tip 沒有冷萃咖啡濾包的時候，也可以自己做一個來用。
冷萃咖啡的豆子會磨得比手沖咖啡用的更細一些，所以放35克在濾包裡，密封使用就好。

把冷萃咖啡濾包放入密封容器或有蓋子的瓶子裡。

倒入冷水。

低溫浸泡24小時左右。冷萃完成後將濾包撈出來冷藏，然後在3～4天內喝完。

3 萃取咖啡

濃縮咖啡

材料
咖啡豆18克

濃縮咖啡的味道很難明確描述出來。因為會隨著萃取者、萃取壓力、溫度與咖啡豆的種類而有天壤之別。如果使用新鮮的咖啡豆，並且具備最佳條件的話，就能夠讓咖啡豆呈現最佳的美味。如果咖啡豆本身的酸味較強，那就要凸顯酸味，如果較香且較沉穩，味道比較多變的話，則可以搭配牛奶做出一杯層次豐富的濃縮咖啡。

將咖啡豆放入磨豆機中，磨成濃縮咖啡需要的大小。

*咖啡豆的顆粒如果太大，水會太容易通過，通常在煮濃縮咖啡的時候，流出來的水都會像自來水的水柱一樣。如果你有手動或電動的磨豆機，那就用磨豆機把咖啡豆磨成濃縮咖啡適合的大小，如果沒有磨豆工具的話，可以買已經磨好的咖啡豆來使用，也建議使用剛烘好的新鮮咖啡豆。

將磨好的咖啡豆裝在濾器把手裡，裝滿的時候看起來會像一座小山。用手稍微壓一下，把多出來的咖啡粉弄掉。先不要用填壓器去壓，而是先用手把多餘的咖啡粉弄掉，然後再用填壓器壓緊。

將濾器把手裝到機器上，按下按鈕萃取約25秒。

萃取的時間若短，水就會無法完全從豆子之間的縫隙通過，這樣不僅無法品嘗到咖啡脂，更會無法充分地感受到濃縮咖啡的美味，但如果萃取超過30秒，則會變得比較苦澀。

3 萃取咖啡

摩卡壺

材料
咖啡豆15克
水70～80毫升

只要有摩卡壺，即使沒有濃縮咖啡機，也可以沖泡出咖啡，還能夠品嘗到有薄咖啡脂層的淡濃縮咖啡。用摩卡壺來沖濃縮咖啡，雖然會缺乏濃縮咖啡獨有的濃郁香味和滋味，但萃取的過程中，整間房子裡都會飄散濃郁的咖啡香。

在摩卡壺的下壺倒滿冷水。

裝上濾碗之後，裝滿磨好的咖啡豆，不要用填壓器壓實，只要最上面呈現水平就可以了。

將上壺裝好並鎖緊，用中火加熱約3分鐘。

咖啡會從濾口的地方咕嚕咕嚕不斷地往上冒，等到發出「嘰」的聲音時就可以關火。

茶葉

材料
茶葉5克
水400毫升

由於茶葉保留了葉子的完整形狀,所以曬乾後的茶葉只要用熱水沖泡,就會恢復成葉子的形狀。把茶葉放到濾茶器或是茶壺裡面,用熱水沖泡完成之後,再用濾茶器把茶葉撈起來就可以喝了。如果想喝冷的則可以泡濃一點,然後再把茶倒入放了冰塊的杯子裡,這樣即使冰塊融化,茶香與味道也不會變淡。

水開了之後,倒入茶壺或是大碗裡。

加入茶葉,泡3〜5分鐘。

在杯子上面放一個濾茶器,然後把泡好的茶透過濾茶器倒入杯子中。

抹茶

材料
抹茶2〜3克
水40毫升

茶粉是將顆粒很細的粉末泡開之後飲用，屬於茶粉之一的抹茶，會使用茶筅來幫助抹茶粉更均勻地溶於水。用茶筅來把茶粉打散，抹茶柔和的味道與濃郁的香味就會更明顯。抹茶粉可以泡在水裡飲用，也可以加入優格或是牛奶裡面，享受獨特的風味。

Tip 搭配水或牛奶一起飲用

抹茶加水泡好之後，再多加120毫升的水稀釋，然後可以直接喝，或是加入180到200毫升的牛奶，做成抹茶拿鐵享用。

1 舀一匙抹茶放入碗裡。

2 水煮開後倒入碗中。

3 茶筅放進碗中攪動，慢慢地幫助茶粉溶化在水中。

3 萃取咖啡

4_ 手工水果酵素與糖漿

如果把當季水果做成酵素，就可以一年四季都享用到氣泡飲或水果茶了。糖漿是為飲料增添風味的重要材料。市售的糖漿味道都很重，可能會讓人很抗拒，但自己做的糖漿味道沒那麼重，反而能夠聞到隱約的食材香味，感覺也比較健康、高級。

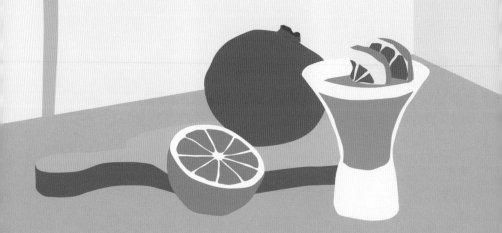

水果酵素

手工的水果酵素做法很簡單。雖然我們可以用冷凍水果來做酵素，但用新鮮水果榨出的果汁味道會更不一樣喔。在家自己動手做的時候，不會加任何的添加物，所以如果想要放久一點，那就必須要多加一點糖。水果酵素必須要用木頭或是塑膠製的湯匙盛出來使用，這樣才可以避免發霉。通常可以放一到六個月。水果酵素可以用來做茶、氣泡飲、優格配料、醬料等，用途非常廣。

柚子酵素

材料
柚子5個（240克）
砂糖250克
寡糖50克

柚子會連皮一起使用，做出來的酵素會具有獨特的香味和甜甜的味道。因為連果皮都會一起用，所以要分三階段仔細洗乾淨。為了讓柚子酵素可以放久一點，砂糖的分量應該要比果肉更多一些。冬天可以泡成熱熱的柚子茶喝，夏天則可以加冰塊做成柚子氣泡飲。

1
在水裡加1大匙蘇打粉，然後搓洗柚子表面。

2
用粗鹽搓洗柚子的表面，再把柚子放進熱水裡泡2分鐘。

3
柚子洗乾淨之後將水分擦乾，然後把皮和果肉分開，並把籽全部挖掉。

4手工水果酵素與糖漿

4

把皮切成細絲準備好。

5

果肉切成薄片，籽去掉。

6

把果肉裝在碗裡，加糖後拌勻。

7

倒入寡糖拌勻。

8

把醃好的柚子果肉裝入密封容器裡，在室溫下放1天，然後再冷藏起來。

鳳梨酵素 蘋果酵素 檸檬酵素

葡萄柚酵素 柚子酵素 草莓酵素

鳳梨酵素

材料

鳳梨果肉330克

砂糖150克

檸檬汁1大匙

已經完全熟成的黃色鳳梨本身就很甜,所以就算沒有放太多糖也不會不夠甜。雖然糖放得少就沒辦法保存太久,但如果加入跟果肉等量的砂糖,糖的甜味反而會蓋過果肉本身的味道。

作法

[1] 將鳳梨果肉切成小塊。

[2] 將鳳梨果肉和砂糖倒入碗中拌在一起。

[3] 把拌好的鳳梨果肉裝入密封容器中。

[4] 容器的最上面留一點空間,並倒入檸檬汁。

　　*在室溫下放3天左右就可以吃了,建議最好在7到15天內吃完。

蘋果酵素

材料

袖珍蘋果（**Alps Otome**）10個（450克）

砂糖450克

袖珍蘋果（Alps Otome）的維生素是一般蘋果的十倍。雖然不大,但甜度卻不輸一般蘋果。不過袖珍蘋果吃起來會有點生澀,所以通常都做成酵素來使用。在紅茶裡面加點蘋果酵素,紅茶就會帶點隱約的蘋果香。

作法

[1] 蘋果洗乾淨之後,再用小刷子把中間芯被挖掉的部分仔細洗乾淨。

[2] 將蘋果對切開來,將籽去除,然後再切成半月形的薄片。

[3] 蘋果和440克砂糖拌在一起,讓砂糖融化。

[4] 將蘋果與砂糖裝入容器裡,最上面再撒上10克的砂糖。

　　*在室溫下放2～3天等待發酵。

檸檬酵素

材料

檸檬3個（320克）

砂糖220克

寡糖100克

用檸檬酵素做出來的酸甜檸檬氣泡飲，是夏天消暑解渴的最佳選擇。不過沒有完全將檸檬籽去除就直接做成酵素的話，酵素會帶一點苦味，反而會蓋掉酵素的酸甜口感，所以在處理檸檬的時候，一定要仔細地把檸檬籽全部挑乾淨。

作法

[1] 蘇打粉泡水，把檸檬搓洗乾淨。

[2] 把蒂切掉，然後將檸檬籽完全清除乾淨。

[3] 將檸檬切成薄片。

[4] 先把砂糖裝進密封玻璃瓶，然後再鋪上檸檬，就這樣依序一層一層裝滿，接著倒入一半的寡糖，最後再把剩下一半的寡糖倒進去。

[5] 放在室溫下，等待砂糖全部融化。最下層的砂糖可能不會融得很快，建議用筷子稍微攪拌一下。

　　*在室溫下放7天發酵，等砂糖都融化就可以使用了。

葡萄柚酵素

材料

葡萄柚2個（350克）

砂糖350克

葡萄柚又甜又苦，是一種很有魅力的水果，如果想要將這種甜苦滋味保留在酵素中，就要連皮一起切片使用，而如果希望去除這種甜苦味，則只要把果肉剝下來使用即可。葡萄柚酵素可以用來做成暖身的葡萄柚茶，或是可以代替煉乳加進葡萄柚思慕昔、葡萄柚冰當中。

作法

[1] 將葡萄柚的皮剝開，用刀子把果肉跟果皮切開。

[2] 將葡萄柚果肉、340克砂糖裝入碗中拌勻。

[3] 把葡萄柚跟砂糖裝入瓶中，最後再蓋上10克砂糖。

　　*在室溫下放7天，發酵後就可以使用。

4 手工水果酵素與糖漿

草莓酵素

材料
草莓13～14個（230克）
砂糖270克

草莓酵素雖然不特別，但卻是可以保證有一定美味的水果酵素。做草莓酵素的時候，可以把草莓切片，也可以把蒂剝掉之後直接整顆使用，或把草莓對切開來。只把蒂剝掉，直接使用整顆草莓做出來的酵素，可以替草莓拿鐵增添果肉的咀嚼感，讓草莓拿鐵更美味。

作法

[1] 把草莓的蒂摘掉，然後用小蘇打粉洗乾淨。草莓很容易就會壓壞，所以要小心一點，一顆一顆仔細清洗。

[2] 用廚房紙巾把草莓上面的水擦乾。

[3] 把草莓對切開來，放進碗裡並加入砂糖拌勻。

　　*如果想減少砂糖的量，建議可以放一點檸檬汁，這樣可以預防發霉。如果想存放久一點，那砂糖的分量就要跟水果一樣多，或是增加砂糖的比例。

[4] 將草莓和砂糖裝入密封容器中。
　　*砂糖融化後就可冷藏保存。

糖漿

在家自己做糖漿，就可以在砂糖當中添加更多的副食材，讓糖漿的層次更豐富。我們可以依照個人喜好，添加果汁、咖啡、茶、香料等食材，製作出屬於自己的獨特糖漿。而選用的砂糖不同，也會影響到糖漿的風味。白砂糖類似顆粒較細、容易融化的木糖，通常會用於製作基本的糖漿或是香草糖漿等透明的糖漿，黃糖和紅糖等香味與顏色較重的糖，則是用來製作肉桂糖漿、伯爵茶糖漿等顏色較深的糖漿。

伯爵茶糖漿

材料
伯爵茶30克
水300毫升
砂糖200克

只要有伯爵茶糖漿，就可以輕鬆做出奶茶了，也可以用來代替鬆餅的楓糖漿。其特點就是隱約的香氣與甜蜜的滋味。作法是先煮出濃濃的伯爵茶，再加糖一起熬煮即可，這樣大概可以放1個月。

作法
[1] 用湯鍋裝水，水煮沸之後把火關掉，加入20克的伯爵茶泡約5分鐘。

[2] 用濾茶器把茶葉濾掉之後，再把泡好的茶倒回湯鍋中。

[3] 把糖加入茶中熬煮，這時候注意不要攪拌，只要加熱使糖融化。
 *可依照個人喜好，多加50克的砂糖。

[4] 等糖漿煮沸之後就關火，再加入10克的伯爵茶，靜置約2小時。

[5] 放涼之後，透過篩網把泡好的糖漿裝入密封容器中，在室溫下放1天發酵，然後就可以放入冰箱冷藏，或是放在室溫下陰涼處即可。

4 手工水果酵素與糖漿

香草糖漿

材料
香草莢1個（2克）
水300毫升
砂糖300克

在做香草拿鐵的時候，香草糖漿是最重要的食材。香草莢可以把其他食材的腥味和臭味蓋過去。試著用馬達加斯加產的香草莢，做出沒有人工香料味的甜甜香草糖漿吧！手工糖漿大約可以放15到30天左右。

1

把圓圓的香草莢切成一半，然後用刮的把裡面的香草籽刮出來。

2

湯鍋中水煮沸，然後加入砂糖。

3

等糖完全融化之後，就把香草籽和香草莢外殼一起放進去，用小火燉煮約5分鐘。

4

放涼之後倒入密封容器中，靜置3天發酵，然後就可以冷藏起來，或是放在室溫下陰涼處保管。

肉桂糖漿

材料
肉桂棒1根
水300毫升
砂糖250克
蜂蜜45毫升

肉桂的香味很重，但做成糖漿之後用途卻非常廣泛。你可以試著在香純的鮮奶濃縮咖啡裡加入肉桂糖漿看看，這樣就能品嘗到爽口又濃郁的香味，而且完全不會覺得辣。在做肉桂糖漿的時候，通常會使用乾扁的肉桂棒，肉桂棒的分量則可依照個人喜好增減。

作法
[1] 水和砂糖以1比1的比例裝入湯鍋中，再加入肉桂棒煮沸。

[2] 水煮開之後就加蜂蜜。

[3] 等水煮開，就把泡沫撈掉，然後關火。

[4] 放涼之後，將糖漿與肉桂棒一起裝入密封容器中，在室溫下靜置3天發酵就可以冷藏，或是放在室溫下陰涼處保存。

4 手工水果酵素與糖漿

BONUS_ 把咖啡裝飾得更美

看起來養眼，拍照片更美麗
飲料的裝飾祕訣大公開

選擇大小適中的玻璃杯

用透明的玻璃杯裝冰飲時，最能夠凸顯冰飲的獨特。為了找到適當的杯子，要確認喝的時候會不會不方便、可以放入多大的冰塊、杯口的寬度是否恰當、可不可以使用吸管等條件。氣泡飲適合狹長的一字型玻璃杯，上面會放冰淇淋或是堆疊大量配料的話，就要使用開口較寬的玻璃杯。鮮奶濃縮咖啡或是咖啡拿鐵等要表現漸層感的咖啡，則推薦使用尺寸較小的杯子。

用甜點來裝飾

用造型獨特的馬卡龍、麵包或點心來做裝飾，就可以呈現出可愛感。把甜點插在吸管上當裝飾，就不需要另外拿盤子裝甜點了。放根沾了巧克力的棍子餅乾，或是直接拿餅乾做裝飾，餅乾吃起來就不會太乾。把巧克力磨碎之後加進飲料裡，會有像麥片一樣的口感。不過，如果先加了還沒融化的巧克力，然後再把冰塊加進去的話，巧克力就會跟冰塊黏在一起，吃起來會很不方便，建議不要使用太多冰塊。

用水果乾或香草做裝飾

飲料做好之後用新鮮水果來裝飾，可能會因為水分的關係而無法定型。遇到這樣的情況，則建議使用水果乾或香草。氣泡飲主要使用迷迭香、百里香、蘋果薄荷等。這樣就能夠做出一杯香氣四溢又綠意盎然的飲料，增添清爽感。

運用手工食材

只要有水果、優格和牛奶，就可以自己在家裡做出冰棒。把水果切成薄片，放入冰棒的模具裡面，再依照個人喜好加入優格、牛奶、思慕昔，放入冷凍庫裡冰一段時間，健康的手工冰棒就完成了。也可以把果汁倒進模具裡面，冰起來做成雪酪，也是一種與眾不同的感覺。

華麗的補色對比

運用顏色互補、色彩鮮豔的水果，可以讓飲料看起來更華麗。使用紅色的西瓜和草莓、粉紅色的水蜜桃、新鮮的綠色奇異果、黃色的芒果、深紫色的藍莓等，就可以在不用色素的情況下，做出一杯色彩華麗鮮豔的飲料。

用手工冰塊呈現獨特感

冰塊並不只是單純用來降溫的材料，只要運用得宜，冰塊也能讓飲料變得獨一無二。雖然可以直接使用市售的冰塊，但如果可以親手做冰塊，那就可以做出更多不同的顏色和形狀了。我們可以把粉跟水拌在一起裝進製冰模，或是把濃縮咖啡冷凍起來，做成濃郁的咖啡冰。另外也可以好好運用圓形製冰模，加入藍莓、櫻桃等體積較小的水果，把水裝滿之後再冷凍，就能做出內藏水果的冰塊了。也可以加香草冷凍做成冰塊，或是用來泡類似木槿這種顏色較深的茶。

放入適合這杯飲料的食材

如果直接把飲料放在桌上,那也可以把有皮的水果放在旁邊,這樣就能夠立刻感覺到水果的新鮮加倍。使用牛奶的飲料,加點巧克力、焦糖等不同的食材,可以把飲料裝飾得更美。

活用托盤或是杯墊

使用扁平的木盤、竹做的杯墊或茶杯墊等,能讓看起來可能平淡無奇的透明玻璃杯,變得更加獨特。木製品不光只是木頭材質,還非常適合跟透明的玻璃杯搭配哦!如果使用玻璃杯,那也可以搭配其他的木質配件。

運用造型獨特的市售產品

有一些市售的產品,造型小巧獨特,非常能夠吸引目光。顏色五彩繽紛的馬卡龍、超受歡迎的角色餅乾等,用來裝飾就能讓飲料更可愛,也可以當成招牌菜色哦!

用吸管或攪拌棒強調視覺重點

喝飲料的時候不可或缺的吸管,和把飲料攪拌均勻的攪拌棒,是喝飲料必備的工具,但如果使用印有特殊圖案的紙吸管,或是選擇金色、銀色、玻璃等材質與特殊顏色的攪拌棒,就能夠讓這杯飲料有個簡單不失大方的重點。

適合搭配飲料的甜點

在喝飲料的時候，甜點就是最好的搭配。我們可以配合心情、配合飲料，選擇適當的甜點。比起味道相同的飲料與甜點，味道各異的飲料與甜點反而更搭。

美式咖啡

美式咖啡是大多數人都能接受的，味道雖淡卻帶點苦味，很適合提拉米蘇或是鮮奶油蛋糕等較甜的甜點。

拿鐵咖啡、卡布奇諾

加了牛奶，濃郁又順口的拿鐵咖啡，適合外面像餅乾一樣酥脆，內裡溼潤滑順的可麗露或可以品嘗到杏仁香的瑪德蓮等烘焙糕點。

冰茶

冰茶如果搭配裹上砂糖、烤得外酥內軟的蜜糖吐司，就能夠使砂糖的甜味倍增，再加上清涼解渴的飲料，真的是天生絕配。

抹茶拿鐵

能夠提升抹茶風味的甜點，就是抹茶生巧克力了。抹茶的味道很重，跟其他甜點一起吃的話，會吃不太出來抹茶的味道，但搭配生巧克力這類的甜點一起吃，就可以充分品嘗到抹茶的風味。

加了奶油的飲料

可搭配軟餅乾或各種烘焙糕點，拿去沾奶油來吃也別有一番風味。

水果氣泡飲

有清涼感的水果氣泡飲，雖然算是非常百搭的飲料，但如果能搭配三明治的話，就會是不輸正餐的飽足早午餐哦！

—

COFFEE

—

1_ 冷萃咖啡

需要等待24小時的冷萃咖啡口感較為溫和，
如果你抗拒咖啡的苦，那就從冷萃咖啡開始吧！
也可以添加不同的食材，搭配出與眾不同的組合。

冷萃咖啡
cold brew

材料
冷萃咖啡濃縮液
40毫升
水280毫升
肉桂棒1根
冰塊（正方形）4～5個

冷萃咖啡是長時間以低溫萃取的咖啡，做法雖然簡單但卻需要時間等待。在家製作的時候，只要用冷萃咖啡濾包就可以了。不喜歡咖啡太苦的人，可以搭配一片起司蛋糕，就可以品嘗到順口的咖啡香。

作法
[1] 在杯子裡裝滿冰塊與水。
[2] 倒入冷萃咖啡濃縮液。
[3] 放入肉桂棒，然後以肉桂棒攪拌，將冷萃咖啡和水拌勻。

 水與冷萃咖啡有黃金比例
冷萃咖啡的水和咖啡的比例很重要。水與冷萃咖啡濃縮液的比例，應該要是7比1，這樣才能夠充分品嘗到冷萃咖啡獨特的溫和口感與酸味。

奶油冷萃咖啡
cream cold brew

材料

冷萃咖啡濃縮液
60毫升
牛奶200毫升
鮮奶油15毫升
冰塊（碎冰）200克

牛奶與鮮奶油拌在一起，慢慢倒在冷萃咖啡上，流進咖啡與冰塊之間，呈現出美麗的白色大理石花紋，變成一杯令人捨不得飲用的美麗咖啡。建議鮮奶油不要加糖，直接和牛奶拌在一起，這樣會變得加倍香醇。冷萃咖啡越濃，大理石花紋就會越美。

作法

[1] 杯子裝滿冰塊。

[2] 倒入冷萃咖啡濃縮液。

[3] 將牛奶和鮮奶油拌在一起，然後裝在細嘴牛奶壺中。

[4] 將裝在牛奶壺中的牛奶與鮮奶油，慢慢地從冰塊之間倒入。

[5] 牛奶都倒完之後，再跟冷萃咖啡拌在一起。

 Tip **請使用小的冰塊**

為了讓花紋更美麗，小的冰塊會比大的冰塊要來得好。請用2公分左右的迷你碎冰把杯子裝滿。倒入牛奶的時候，建議使用細嘴牛奶壺或是茶壺，這樣才能夠讓牛奶慢慢從冰塊之間滲入，呈現出美麗的大理石花紋。

氣泡冷萃咖啡
cold brew ade

材料
冷萃咖啡濃縮液
30毫升
白糖漿10毫升
氣泡水325毫升
冰塊 (圓形) 14個

氣泡飲中加的是一般的清爽水果，而氣泡冷萃咖啡則是加了冷萃咖啡的特殊氣泡飲。因為很少見，所以更吸引人。乍看之下會覺得很像是汽水跟可樂混在一起，但實際喝了之後，就可以品嘗到濃郁的冷萃咖啡，加入氣泡水的清涼滋味與濃郁咖啡香。慵懶的午後來一杯氣泡冷萃咖啡，肯定能夠讓你睡意全消。

作法

[1] 將冷萃咖啡濃縮液倒入杯中。

[2] 加入糖漿，並裝入冰塊。

[3] 倒入氣泡水。

 *如果喜歡比較多的氣泡，我推薦Chang Soda Water。

 Tip 做一點白糖漿吧

比起一次做一大堆白糖漿，我更偏好每次都做剛好的份量，一次用完不要剩下。做的時候可拿鍋子以1比3的比例裝水和砂糖，砂糖比水還多的時候攪拌可能會使糖凝固，所以千萬不要攪拌，只要放在瓦斯爐上燉煮就好。以中火燉 5分鐘直到砂糖都融化，並等到糖漿開始沸騰冒泡，就請把火關掉。放涼之後可裝入密封容器或是瓶子裡冷藏，通常可以放1個月左右。

泡沫冷萃咖啡
cold foam cold brew

材料

冷萃咖啡濃縮液
40毫升
白糖漿20毫升 (參考
第74頁)
水280毫升
冰塊 (正方形) 11個

這是一款在最上面鋪了一層柔順泡沫的咖啡。你可能會覺得泡沫又沒有多特別，但那種滋味卻是光用柔順也無法完美詮釋的感受，一起品嘗綿密的泡沫與嘴唇接觸的柔順感和咖啡的美味吧！

作法

[1] 把冷萃咖啡濃縮液、白糖漿和冰塊放入雪克杯裡搖在一起。

[2] 把水倒入準備好的杯子裡。

[3] 打開雪克杯的蓋子，將冷萃咖啡倒入杯中。

[4] 把雪克杯整個打開，然後用一支扁平的湯匙把泡沫舀出來放到咖啡上，最後再加入冰塊。

 Tip　用雪克杯做出泡沫

即使沒有電動攪拌器，但只要有雪克杯就可以做出奶泡。將冷萃咖啡、白糖漿和冰塊一起放入雪克杯中大力搖晃，就算覺得手痠也要用力搖至少3分鐘。為了搖出大量的泡沫，必須放入大量大塊的冰塊。泡沫搖好之後，可以用湯匙把泡沫鋪在咖啡上面。

冷萃阿芙佳朵
cold brew affogato

材料
冷萃咖啡濃縮液20毫升
香草冰淇淋130克
冰淇淋甜筒1個

炎熱的夏天，冰淇淋是不可或缺的甜點。雖然因為天氣炎熱，所以很快就會融化，但就算融化在咖啡裡，也還是非常美味。冷萃咖啡的酸融合冰淇淋綿密的甜，甜蜜的滋味很快地會在嘴裡擴散開來。

作法
[1] 選一個矮一點的玻璃杯，舀一大球香草冰淇淋放進去。
[2] 從冰淇淋上慢慢倒入冷萃咖啡濃縮液。
[3] 再放上冰淇淋甜筒做裝飾。

Tip　請使用乳脂肪含量高的冰淇淋
香草冰淇淋種類很多，味道跟口感都不太一樣。在做阿芙佳朵的時候，我推薦使用乳脂肪含量較高的香草冰淇淋。乳脂肪含量若低，用冰淇淋勺去挖的時候，冰淇淋看起來會一塊塊裂開不完整，吃起來會有點澀，反而會影響到冷萃咖啡的柔順口感，推薦使用香草味濃厚又綿密的冰淇淋。

木槿冷萃咖啡
cold brew hibiscus tea

材料
冷萃咖啡濃縮液
30毫升
木槿茶包1個
水200毫升
砂糖30克
冰塊 (鑽石冰) 8個

最近木槿很受歡迎。因為清涼的紅色看起來很美，又含有天然的維生素。在喝咖啡的時候，也可以試著加一點木槿。微酸的木槿結合冷萃咖啡，可以創造出全新的滋味，應該是每個人都可以接受的飲品。

作法
[1] 水煮沸之後，將木槿茶包放進去煮5分鐘，然後再把茶包拿出來。

[2] 在步驟[1]的茶裡加入砂糖，糖溶解後放涼。

[3] 把冰塊放進一個小杯子裡。

[4] 把步驟[2]的茶倒入杯中。

[5] 慢慢倒入冷萃咖啡，做出漸層。

 加糖以製造漸層

如果覺得微酸的木槿茶不太容易入口，可以加點砂糖添加甜味。加了砂糖的木槿茶，雖不如使用白糖漿那般濃稠，但會因為糖的重量而沉在下面，接著倒入冷萃咖啡之後，就會出現隱約的漸層。放了2到3天的冷萃咖啡會比較酸，所以可以加糖增加一些甜味。

豆漿煉乳冷萃咖啡
cold brew with soy latte

材料

冷萃咖啡濃縮液
30毫升
豆漿240毫升
煉乳45克
冰塊 (小碎冰) 8個

小時候去奶奶家,總是會有豆漿可以喝。奶奶一定會塞一瓶豆漿到我手裡,但當時的我沒那麼喜歡豆漿,所以並不是很開心。為什麼那時我不了解豆漿的好呢?最近的豆漿也跟牛奶一樣,推出很多不同的種類,但還是回憶中的豆漿最能夠懷念小時候。一起來享受豆漿獨特的香醇與咖啡的美味吧!

作法

[1] 將豆漿和煉乳攪拌在一起。

[2] 拿兩個杯子,各放入4顆冰塊。

[3] 將步驟[1]的豆漿煉乳分別倒入兩個杯中,每一杯120毫升。

[4] 分別往2個杯子中,慢慢倒入15毫升的冷萃咖啡濃縮液。

Tip **請使用原味豆漿**

在做豆漿拿鐵的時候,會使用低脂豆漿或是零脂豆漿,但因為想要品嘗豆漿的濃郁滋味,所以我還是用了原味的豆漿。這裡再加入煉乳,就可以增加一點甜味。煉乳的甜味比較順口,是很迷人的食材。

啤酒冷萃咖啡
cold brew beer

材料

冷萃咖啡濃縮液
50毫升
啤酒1瓶 (355毫升)
冰塊 (小碎冰) 100克

炎熱的夏夜，睡不著的時候，不如帶著幾塊起司與水果乾，還有啤酒跟冷萃咖啡，一起到附近的公園去消消暑吧！把蟬鳴當作音樂，一邊喝著冷萃啤酒咖啡，就能夠創造屬於夏日的回憶。冷萃咖啡與啤酒混合在一起，咖啡就能夠包覆啤酒隱約的苦味，讓啤酒喝起來更順口。但還是要注意不要飲酒過度哦！

作法

[1] 將冷萃咖啡濃縮液與啤酒倒入雪克杯中。

[2] 輕輕地搖晃雪克杯約30秒。

[3] 將冰塊放入杯中，倒入步驟[2]的冷萃啤酒咖啡。

 用雪克杯很方便

把冷萃咖啡倒入雪克杯中搖一搖，就能夠提升咖啡的美味。在搖晃的過程中，啤酒強烈的味道會變得比較溫柔，啤酒與咖啡更完美地結合在一起，可以讓人毫無障礙地品嘗到酒精的滋味。

2_濃縮咖啡

濃縮咖啡的咖啡油最具魅力，是咖啡的基礎。
只要有這款基礎咖啡，就能夠搭配各式各樣的食材，
變化出無數種咖啡飲品。

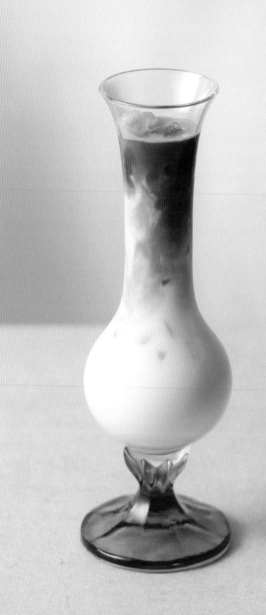

拿鐵咖啡
cafe latte

材料

濃縮咖啡30毫升
牛奶280毫升
冰塊 (迷你碎冰) 95克

拿鐵在義大利文中是「牛奶」的意思。拿鐵咖啡就是咖啡與牛奶混合而成的飲品。過去因為牛奶的腥味,我不太喜歡拿鐵咖啡,但現在的牛奶香醇可口,我也開始喜歡喝拿鐵了。早上用一杯濃郁的拿鐵咖啡來代替早餐,也完全沒有問題,還能兼顧飽足感。

作法

[1] 將冰塊放進杯中。

[2] 倒入牛奶。
　　*如果是使用味道香醇濃郁的**Pauls Pure Milk**那更好。

[3] 從冰塊上面慢慢地將濃縮咖啡倒入。

Tip　咖啡豆的選擇很重要

拿鐵咖啡適合使用以中度烘焙的咖啡豆萃取出的濃縮咖啡製作。這樣就不會被牛奶的味道蓋過去,同時也不會過於苦澀,能夠感受到濃郁的咖啡香,同時也能夠襯托牛奶的風味。烘焙程度越重,苦味與焦味就會越強,反而比較不適合與牛奶混合。

鮮奶濃縮咖啡
flat white

材料 (2杯份)
濃縮咖啡50毫升
牛奶240毫升
冰塊 (正方形) 6～8個

最近在咖啡廳中很常見的鮮奶濃縮咖啡，雖然很像拿鐵咖啡，但它其實是一種濃縮咖啡更濃，牛奶放得較少的澳洲咖啡。鮮奶濃縮咖啡是使用短萃取濃縮咖啡的方法（**Ristretto**，在短時間內萃取濃縮咖啡的方式），萃取時間約20秒。雖然分量不多，但咖啡本身很濃，這個分量其實很剛好。

作法

[1] 分別在兩個杯子內各倒入120毫升的牛奶。

[2] 杯中各放入3～4個冰塊。

[3] 準備2個一口杯，各倒入25毫升的濃縮咖啡，然後再倒入大的杯子中。

  *要用新鮮的咖啡豆，這樣才能萃取出充分的咖啡油。

 Tip 鮮奶濃縮咖啡的牛奶要放少一點

鮮奶濃縮咖啡的濃縮咖啡分量，雖然跟拿鐵差不多，但牛奶卻放得比較少。如果拿一個大杯子，加了一堆冰塊的話，分量看起來會少得可憐，所以比較適合選用小杯子，放3～4個冰塊就好。比起冰涼的低溫，這款咖啡比較適合讓冰塊稍微融化的微溫口感。

肉桂鮮奶濃縮咖啡
cinnamon flat white

材料

濃縮咖啡25毫升
牛奶160毫升
肉桂糖漿15毫升（參考
第59頁）
肉桂粉5克
冰塊（迷你碎冰）130克

一想到電影《海鷗食堂》，就會想起肉桂與黑糖的香味，這都是因為電影中的代表菜色就是肉桂。製作肉桂雖然有些麻煩，但我們可以輕鬆地做出肉桂糖漿。在製作糖漿的時候，肉桂的香味就會不斷地刺激鼻尖，讓你愛上肉桂。

作法

[1] 冰塊放入杯中。

[2] 倒入牛奶和肉桂糖漿，並攪拌在一起。

[3] 倒入濃縮咖啡。

[4] 將肉桂粉輕輕灑在冰塊上。

 Tip 使用加了蜂蜜的肉桂糖漿

肉桂糖漿加了蜂蜜之後，可以提升糖漿的黏稠度，也可以使後味更清爽。把肉桂棒、水和砂糖放入湯鍋裡熬煮，煮的時候請以大火燉煮，等水沸騰、砂糖顆粒融化之後就轉為小火，接著加入蜂蜜，再把泡沫撈掉並關火。將糖漿裝到密封容器裡，放涼之後再冷藏起來。裝在密封玻璃瓶裡冷藏，大約可以放30天左右。

摩卡咖啡

cafe mocha

材料

濃縮咖啡40毫升
巧克力醬35毫升
牛奶300毫升
冰塊（正方形）4個
巧克力粉適量

覺得太濃的咖啡喝起來負擔太大，但又不想喝太甜的咖啡時，推薦可以喝摩卡咖啡。咖啡的苦和巧克力的甜會完美地結合在一起。如果喜歡甜一點，可以多加一點巧克力醬，巧克力的甜能夠把咖啡的苦味中和得恰到好處。

作法

[1] 把25毫升的巧克力醬倒入濃縮咖啡中攪拌在一起。

[2] 把冰塊放進杯子裡。

[3] 沿著杯緣倒入10毫升的巧克力醬。

[4] 倒入牛奶，然後再倒入步驟[1]的巧克力咖啡。

[5] 用篩網把巧克力粉篩進杯中做裝飾。

Tip 用熱騰騰的濃縮咖啡融化巧克力醬

必須用大約95度C的熱水萃取出的濃縮咖啡，才能夠完全地把巧克力醬融化，請攪拌到巧克力醬完全沒有結塊。濃縮咖啡的苦與巧克力醬的甜、牛奶的香會完美地融合在一起。

卡布奇諾
cappuccino

材料

濃縮咖啡20毫升
牛奶280毫升
肉桂粉3克
肉桂棒1根
冰塊 (正方形) 6個

雖然跟拿鐵沒有太大的差異，但因為有綿密的奶泡以及刺激鼻尖的肉桂香，而使得卡布奇諾更具特色。來一杯泡沫綿密到會黏在嘴唇上的卡布奇諾，感覺就連心情都甜蜜了起來。

作法

[1] 牛奶用微波爐熱40到60秒。

[2] 牛奶用電動攪拌器打1分30秒，把牛奶打成奶泡。

[3] 用湯匙把奶泡擋住，只讓牛奶流入杯中，然後再放入冰塊。
*因為奶泡的體積很大，所以可以用湯匙。

[4] 用湯匙把綿密的奶泡舀到杯子裡。

[5] 倒入濃縮咖啡。
*如果先倒濃縮咖啡再把奶泡放上去，這樣湯匙就會沾上咖啡，奶泡看起來會比較不乾淨，所以請先倒入牛奶、放上奶泡，最後再倒入濃縮咖啡。

[6] 奶泡不足的部分，就用剩餘的奶泡補滿，讓奶泡變成完美的弧形。
*倒入濃縮咖啡的時候，會在奶泡上面穿出一個洞，這時請用剩下的奶泡再把洞填滿。如果喜歡乾淨飽滿的樣子，那就請用剩餘的奶泡來把空間都填滿。

[7] 用篩網將肉桂粉篩入，然後再放上一根肉桂棒。

 使用全脂牛奶，奶泡會比較綿密

在做奶泡的時候，推薦使用全脂牛奶。如果是用零脂或是低脂牛奶的話，奶泡就會不夠軟。電動攪拌器要上下移動，充分地打發牛奶，這樣奶泡才會綿密。

煉乳咖啡

espresso with condensed milk

材料

濃縮咖啡20毫升
煉乳15克
牛奶120毫升
冰塊 (小碎冰) 7～8個

在越南喝了越南煉乳咖啡 (cafe sua da) 之後,就重新認識了煉乳的滋味。雖然越南是使用滴漏杯來萃取,但在這裡我們就簡單地用摩卡壺來做。讓煉乳流入杯中,然後再放入冰塊轉動,這樣喝起來會更甜。煉乳順口的甜非常迷人。

作法

[1] 用摩卡壺萃取出沒有咖啡油的濃縮咖啡 (參考第46頁)。
 *也可以用濃郁的手沖咖啡來代替。

[2] 沿著杯緣轉一圈倒入5克的煉乳。

[3] 在牛奶中加入10克煉乳後攪拌。

[4] 將步驟3的煉乳牛奶和冰塊一起倒入杯中。

[5] 慢慢倒入濃縮咖啡。

Tip 煉乳要多加一點

杯子稍微傾斜,讓煉乳能夠呈現沿著杯壁向下流的樣子。你可能會擔心煉乳放太多會太甜,這款咖啡的魅力就在濃郁香甜的味道,所以多放點煉乳吧!

鹹花生醬咖啡

coffee with salted peanut butter

材料

濃縮咖啡45毫升
鮮奶油100毫升
砂糖20克
花生醬15克
牛奶320毫升
喜馬拉雅鹽少許
冰塊（正方形）8個

在咖啡中加入花生醬，就能做出甜鹹甜鹹的獨特鹹花生醬咖啡。喝起來不會膩，甜鹹交錯的滋味中再加點鹽巴，就會讓花生醬的甜更順口一些。推薦在想挑戰特殊飲品的時候嘗試。

作法

[1] 將鮮奶油和砂糖倒入碗中，用手持攪拌機打發30秒。

[2] 把花生醬加入濃縮咖啡中攪拌。

[3] 將冰塊放入杯中，接著倒入牛奶。

[4] 花生醬溶化後就把濃縮咖啡倒入杯中。

[5] 用冰淇淋勺或湯匙將步驟[1]的鮮奶油舀起來，放到最上面，然後再均勻地撒上喜馬拉雅鹽。
  *我使用的是不會太鹹，又很乾淨的喜馬拉雅鹽。

 Tip 花生醬要完全溶化才不會分層

把花生醬加到濃縮咖啡裡攪拌，會發現奶油雖然溶化了，花生沉澱在底下。再用吸管去喝一口，就可以吃到香噴噴的花生。雖然花生醬比巧克力醬更黏稠，但用剛煮好的濃縮咖啡來調製，就可以完全溶化其中。

愛爾蘭咖啡
irish coffee

材料
濃縮咖啡30毫升
威士忌15毫升
水120毫升
黃糖2個 (12克)
砂糖20克
打發鮮奶油100毫升
冰塊 (正方形) 3個

愛爾蘭咖啡乍看之下跟維也納咖啡有點像，但其實是在愛爾蘭誕生的特色咖啡。最初是為了讓人們可以適應愛爾蘭的寒冷天氣，所以才在機場提供這種飲品給客人。希望總有一天，能到愛爾蘭去喝杯真正的愛爾蘭咖啡。想像著那個時刻做出來的愛爾蘭咖啡，因為加了很多的威士忌，所以要再多放點冰塊，然後放上打發鮮奶油。這樣就完成一杯酒精味道不會太重，打發鮮奶油也跟咖啡完美結合的獨特咖啡了。

作法
[1] 將濃縮咖啡、威士忌、水、黃糖放入雪克杯中搖在一起。

[2] 把冰塊放入杯中，並將步驟[1]的咖啡倒入杯中。
　*只把液體倒進去，注意別把泡沫一起倒進去。

[3] 拿一個有高度的杯子，加入砂糖和鮮奶油，用電動攪拌器打30到40秒。

[4] 將打發鮮奶油鋪在咖啡上。

 Tip **用雪克杯讓濃縮咖啡與威士忌結合在一起**

濃縮咖啡與威士忌如果不先攪拌在一起，味道會沒辦法融合，反而會喝到很強烈的酒精味。所以就先用雪克杯把這兩樣材料搖在一起吧！加點砂糖搖2分鐘，酒精就會稍微揮發。因為酒精的味道其實不重，所以不太能喝酒的人也可以品嘗這款咖啡。

豆漿雲朵拿鐵
whipped soy milk latte

材料

濃縮咖啡30毫升
牛奶100毫升
豆漿190毫升
冰塊(正方形)3～4個

用無糖豆漿來試做看看這款豆漿雲朵拿鐵吧！可以品嘗到健康的美味唷！豆漿的香、牛奶的滑順，加上咖啡的苦，一口喝下去會覺得像在喝一杯健康飲品一樣。加了豆漿之後也會讓肚子比較舒服。

作法

[1] 牛奶用微波爐熱40秒，然後用電動攪拌器打1分鐘，打到產生奶泡。

[2] 將100毫升的豆漿倒入杯中，然後放入冰塊。

[3] 倒入濃縮咖啡，並把剩下的90毫升豆漿全部倒進去做出漸層。

[4] 用湯匙把奶泡舀到豆漿上面。

Tip　使用無糖豆漿更香

與我們熟悉的又香又甜的豆漿相比，無糖豆漿雖然比較不甜，味道卻很清爽、順口。喝咖啡的時候如果會覺得肚子不舒服，或是不太能消化牛奶的人，推薦可以試試看這款咖啡。將牛奶用電動攪拌器打發成奶泡，讓整杯咖啡在視覺上看起來更豐盛。

提拉米蘇拿鐵
tiramisu latte

材料

濃縮咖啡30毫升
馬斯卡彭起司40克
鮮奶油120毫升
糖粉10克
牛奶180毫升
手指餅乾1個
巧克力粉10克
冰塊 (迷你碎冰) 4〜5
個

這款提拉米蘇拿鐵,加了用馬斯卡彭起司跟鮮奶油,一起打發製成的蓬鬆鮮奶油。將製作提拉米蘇時會用到的手指餅乾,拿去沾咖啡和鮮奶油後再享用,就不需要另外準備甜點了。不過一不小心可能會被巧克力粉嗆到,推薦最好小口飲用、品嘗。

作法

[1] 將馬斯卡彭起司、鮮奶油與糖粉倒入碗中,用攪拌器打大約50秒。

[2] 將濃縮咖啡和牛奶倒入杯中,攪拌混合之後再加入冰塊。

[3] 將打好的鮮奶油裝入擠花袋中,把鮮奶油擠成條狀。
 *如果沒有擠花袋,也可以把鮮奶油裝入塑膠袋裡,然後再把塑膠袋的角剪開一個洞。

[4] 把鮮奶油放在咖啡上,再放上手指餅乾。

[5] 用篩網將巧克力粉撒在咖啡上。

Tip 使用馬斯卡彭起司,讓奶油更紮實

我用的馬斯卡彭起司是Mila的產品。因為牛奶的味道很重,所以即使不熟悉馬斯卡彭起司的味道,也不會讓人太抗拒。動物性鮮奶油打發之後因為不夠紮實,所以不好塑形,但加了馬斯卡彭起司後可以讓奶油更紮實,也可以擠成我們想要的形狀。

巧克力瑪奇朵
chocolate macchiato

材料
濃縮咖啡30毫升
焦糖10個
水50毫升
砂糖40克
鮮奶油20毫升
巧克力粉(含糖)150克
牛奶220毫升
冰塊(圓形)6個

焦糖是一種坐在那邊吃著吃著,就會一不小心把一整桶都吃完的魔性零食。因為會黏在牙齒上,所以也有人說焦糖是小孩子的天敵。但只要把焦糖融化做成焦糖醬加入咖啡中,就可以毫無壓力地享用焦糖囉!

作法
[1] 在醬料鍋裡加水,然後把焦糖放進去,用中火煮至溶化。

[2] 焦糖溶化之後就轉為小火,加入砂糖攪拌,這樣焦糖醬就完成了。

[3] 留下一點焦糖醬做裝飾,剩下的焦糖醬就全部倒入濃縮咖啡裡。

[4] 將鮮奶油、巧克力粉倒入碗中,用攪拌器打1分20秒。

[5] 把濃縮咖啡倒入杯中,再加入牛奶跟冰塊。

[6] 用步驟[4]的巧克力鮮奶油把杯子裝滿,最後再稍微整理一下,讓鮮奶油呈現一個角錐的形狀。

[7] 把焦糖醬淋在巧克力鮮奶油上。
*可依照個人喜好,做一點花生粉撒在上面做裝飾。

Tip **要用巧克力粉來做,巧克力鮮奶油的味道才會清爽。**

在做巧克力鮮奶油的時候,我使用的是含糖的巧克力粉。因為巧克力粉本身含糖,所以不須另外添加砂糖。雖然用巧克力醬也能做出巧克力鮮奶油,但味道就不會那麼清爽,所以我還是推薦巧克力粉。

髒髒咖啡
dirty coffee

材料
濃縮咖啡20毫升
黑巧克力片1個 (200克)
水200毫升
鮮奶油80毫升
砂糖10克
棉花糖2個
冰塊 (迷你碎冰) 12～13個

這款飲品使用了大量的巧克力。因為不斷堆疊，所以鮮奶油最後往外流了出來，而這也讓它的視覺更顯獨特，也是在社群上很受歡迎的飲品之一。可以試著煮一杯淡一點的咖啡，把巧克力切碎之後鋪在鮮奶油上面。另外也可以用奶泡代替鮮奶油，然後再加上巧克力。

作法
[1] 把巧克力片切碎。

[2] 將水和濃縮咖啡倒入杯中，接著放入冰塊。

[3] 鮮奶油和砂糖倒入碗中，用電動攪拌器打30秒。

[4] 將60毫升打發鮮奶油放到咖啡上，然後再灑上巧克力碎片。

[5] 把剩下的20毫升鮮奶油淋在巧克力上。

[6] 用噴槍把棉花糖烤至焦黃，然後再放上去做裝飾。

 巧克力要切得又長又薄

為了要讓鮮奶油上的保留巧克力的外型，建議要把巧克力片切成又長又薄的碎片。巧克力片如果太厚，可能無法一次就切成理想的大小，要使用菜刀或是比較大把的刀子，同時也要小心不要傷到自己。另外可依照個人喜好，選擇黑巧克力、牛奶巧克力或白巧克力。

香蕉牛奶濃縮咖啡
espresso with banana milk

材料
濃縮咖啡80毫升
香蕉牛奶1瓶 (240毫
升)

小時候洗完澡出來，就會立刻拿根吸管戳破香蕉牛奶的封膜，大口大口地喝個痛快，這肯定是大家共同的回憶。我原本沒有很喜歡香蕉牛奶，但嘗試過這款咖啡之後，反而開始喜歡香蕉牛奶了。各位也可以試著把香蕉牛奶冷凍起來，跟濃縮咖啡搭配看看，會從香蕉牛奶中品嘗到隱約的蘇格蘭糖味。

作法
[1] 將120毫升的香蕉牛奶，和60毫升的濃縮咖啡分別倒入製冰模中，冷凍12小時。

[2] 將3塊香蕉牛奶冰和2塊濃縮咖啡冰，裝在狹長的杯子裡。

[3] 倒入120毫升的香蕉牛奶和20毫升的濃縮咖啡，讓冰塊慢慢融化並一邊享用。

 濃縮咖啡請用深度烘焙的咖啡豆來萃取
比起用冷萃咖啡，更建議使用濃郁的濃縮咖啡來做這款香蕉牛奶濃縮咖啡。因為要把濃縮咖啡冷凍，為了避免冷凍咖啡冰溶化的時候味道變淡，建議用深度烘焙的咖啡豆來萃取濃縮咖啡。

地瓜拿鐵
sweet potato latte

材料

濃縮咖啡 30毫升
小的烤地瓜 2個
蜂蜜 15克
牛奶 260毫升
冰塊 (圓形) 5個

地瓜跟咖啡的組合就跟地瓜配泡菜一樣完美。每次吃地瓜都會有一種要噎到的感覺，但做成咖啡之後卻變得很順口，更讓人覺得開心。可以把地瓜壓成泥之後做成拿鐵咖啡的配料，也可以在地瓜奶昔裡加入濃縮咖啡。一起來體驗一下甜地瓜和微苦咖啡的搭配有多完美吧！

作法

[1] 將1/2個烤地瓜和蜂蜜、牛奶用果汁機打在一起。

[2] 將1/2個地瓜切成塊。

[3] 將步驟[1]的地瓜牛奶倒入杯中。

[4] 加入冰塊後倒入濃縮咖啡。

[5] 把切塊的地瓜放在上面。

Tip 蜂蜜地瓜打得越細越好

在做地瓜拿鐵的時候，應該要使用甜度高、水分含量高的地瓜，而且地瓜皮要削得很乾淨。還有加一點蜂蜜，可以讓地瓜更好吃。可以用果汁機把地瓜跟牛奶打在一起，最好是打到用吸管喝的時候，吸管完全不會被卡住的程度。

葡萄柚咖啡
grapefruit bianco

材料

濃縮咖啡20毫升
葡萄柚1個
葡萄柚果汁200毫升
牛奶80毫升
冰塊（正方形）9個

加了柳橙的咖啡對我們來說已經不再陌生了。咖啡很適合搭配甜甜的柳橙，這也不禁讓人好奇起「不知道咖啡適不適合葡萄柚」，於是便決定挑戰這款葡萄柚咖啡。真的很好奇葡萄柚跟咖啡會是怎樣的組合，一起來品嘗這獨特的滋味吧！

作法

[1] 將葡萄柚的蒂切掉，然後切下一片薄薄的葡萄柚薄片。

[2] 把剩下的葡萄柚果肉挖出來。

[3] 把挖好的葡萄柚果肉與葡萄柚汁倒入杯中。

[4] 加入冰塊，然後慢慢倒入濃縮咖啡。

[5] 牛奶用微波爐熱40秒，接著再用電動攪拌器打30秒，然後再將打好的奶泡鋪在咖啡上。

[6] 把步驟[1]切好的葡萄柚切片當成蓋子蓋上去。

 Tip　用湯匙輔助，讓濃縮咖啡流入杯中

為了讓葡萄柚與濃縮咖啡分層，建議可以用湯匙的背面當作輔助，然後慢慢地沿著湯匙的表面把熱騰騰的濃縮咖啡倒入杯中。因為最下面的是加了糖的果汁，所以只要利用湯匙的背面，讓咖啡慢慢流入杯中，濃縮咖啡就不會往下擴散，而是會浮在果汁上面，做出明顯的分層。

咖啡凍牛奶

milk with coffee jelly

材料

即溶黑咖啡2包 (18克)

明膠片2片

水50毫升

牛奶180毫升

砂糖30克

喝咖啡凍牛奶，會覺得滑嫩有彈性的咖啡凍好像在嘴裡跳舞。把總是像要逃走一般從嘴邊滑過的果凍跟咖啡一起喝下，肯定可以讓下午茶的時光更有趣。吸飽了牛奶的咖啡凍，越咀嚼就越能感受到咖啡的香味。

作法

[1] 將明膠浸泡在冷水中約15分鐘。

[2] 將即溶黑咖啡倒入鍋中，加水後以大火煮沸。

[3] 拿另外一個鍋子，倒入100毫升的牛奶，以中火煮沸。

[4] 牛奶開始沸騰冒泡之後，就將砂糖與步驟[2]的咖啡倒進去。

[5] 等砂糖都融化後，就將明膠片的水分擠乾，然後放進牛奶裡面，攪拌後把火關掉。

[6] 步驟[5]的咖啡牛奶用篩網篩過之後，倒入四方形的模具中，放入冰箱冷藏至少3小時等待凝固。

[7] 咖啡牛奶凝固成咖啡凍之後，就切成圓形然後裝進杯子裡。

[8] 在杯中倒入80毫升牛奶。

Tip 請使用即溶黑咖啡

在做咖啡凍的時候，如果用濃縮咖啡的話，會因為咖啡油的關係而使咖啡凍不那麼乾淨。而即溶黑咖啡的選擇很多，有原味跟加糖等很多不同的產品，推薦使用口感比較柔順的產品。在做咖啡凍的時候，要把沸騰時產生泡沫撈掉，因為沒有泡沫才能做出光滑的咖啡凍。

阿芙佳朵
affogato

材料

濃縮咖啡20毫升
蓮花餅乾3片
香草冰淇淋2球

試著在冰淇淋與咖啡組合而成的阿芙佳朵中，再加入可口的餅乾吧！會讓人在做著的時候想吃上幾片的餅乾，配上咖啡，簡直是令人無法抗拒的組合。也可以把餅乾弄碎，撒在杯底後再倒入咖啡。遇到壓力或是想吃甜食的時候，很多人都會選擇來片蓮花餅乾，它也非常適合搭配冰淇淋與咖啡唷！

作法

[1] 將兩片蓮花餅乾放入夾鏈袋中，用湯匙把餅乾壓碎。

[2] 用小的冰淇淋勺挖兩球香草冰淇淋，放入低矮的杯子裡。

[3] 將步驟[1]的餅乾撒在杯子的底部，然後將濃縮咖啡從冰淇淋上面倒下去。

[4] 拿一片蓮花餅乾放在冰淇淋上做裝飾。

 Tip　要弄碎餅乾就用湯匙

用手去把餅乾弄碎，沒有辦法讓大小符合我們的需求，所以建議把餅乾放在夾鏈袋裡，用湯匙去把餅乾壓成碎屑。

鮮奶油美式咖啡
americano with whipped cream

材料(2杯)
濃縮咖啡60毫升
水360毫升
白糖漿20毫升（參考第74頁）
鮮奶油200毫升
鹽巴5克
冰塊（小碎冰）240克

這是適合天氣熱時喝的咖啡。我們常會為了解渴選擇喝美式咖啡，但咖啡的苦卻會讓人覺得有些美中不足。那麼不如來試試看加了打發鮮奶油的美式咖啡吧！比起用牛奶和濃縮咖啡製成的拿鐵，以及苦苦的美式咖啡，這款加了鮮奶油的咖啡更甜更好喝。

作法
[1] 將鮮奶油和鹽巴倒入碗中打40秒，打成紮實的鮮奶油。
[2] 拿兩個杯子，各裝120克的冰塊。
[3] 分別在杯中倒入180毫升的水、30毫升的濃縮咖啡以及10毫升的白糖漿，然後攪拌均勻。
[4] 用冰淇淋勺把鮮奶油挖起來，放到咖啡上面。

Tip　請使用動物性鮮奶油

動物性鮮奶油打發之後比較紮實，不像植物性鮮奶油容易散開，不過奶味會比較重一點，而且動物性鮮奶油有百分之99是動物乳脂，所以口感超級滑順。如果希望鮮奶油味道更香，那就用動物性鮮奶油吧！打發的時候加5克的鹽巴，就可以避免奶油崩解，口感也會更滑順。

巧克力咖啡冰沙
chocolate coffee shake

材料

濃縮咖啡30毫升
巧克力牛奶1瓶（190毫升）
香草冰淇淋50克
巧克力粉10克
巧克力餅乾（Pepero）2根
冰塊（正方形）15個

甜甜的巧克力，是任何人都無法抗拒的魅力食材。有壓力的時候、心情低落的時候，或事情太多讓人頭痛的時候，巧克力就是能幫助你恢復活力的零食。不過巧克力飲料喝完之後，會覺得嘴巴裡殘留奇怪的味道，會讓人想要喝更多的水。所以我們在這裡加了一點濃縮咖啡，做成連後味都很清爽的巧克力咖啡冰沙。

作法

[1] 把冰塊和巧克力牛奶倒入食物處理機中打30秒。

[2] 在步驟[1]的巧克力冰沙中，加入濃縮咖啡、香草冰淇淋與巧克力粉，拌勻之後再打1分30秒。

[3] 把打好的巧克力咖啡冰沙裝入杯中。

[4] 依照個人喜好放上餅乾做裝飾。
　　*如果放的是裹了巧克力外衣的餅乾，這樣在喝冰沙的時候餅乾就不會融化不見。

 用食物處理機一次打在一起

冰塊和巧克力牛奶要迅速地打在一起，這樣才能打出細緻的冰沙。然後再放入其他材料慢慢打，冰沙就不會結塊，讓冰沙維持細緻綿密的口感。

薄荷咖啡摩卡
peppermint cafe mocha

材料

濃縮咖啡30毫升
牛奶220毫升
薄荷糖漿20毫升
巧克力醬45克
巧克力粉3克
白巧克力片5克
冰塊（圓形）6個

可能有人説到薄荷就會想起牙膏也説不定，但卻有很多人非常著迷於清爽薄荷與巧克力的組合，是個迷人的味道呢！雖然現在有薄荷巧克力蛋糕、薄荷巧克力年糕等不同的甜點，但這裡介紹的薄荷咖啡摩卡做法非常簡單，輕輕鬆鬆就讓你體驗到薄荷與巧克力的魅力。

作法

[1] 將薄荷糖漿倒入牛奶中拌勻。

[2] 把冰塊放入杯中，倒入步驟[1]的薄荷牛奶。

[3] 將巧克力醬加入濃縮咖啡中，攪散之後再迅速倒入步驟[2]的薄荷牛奶中。
  *使用開口平整的量杯，讓濃縮咖啡可以快速地流入薄荷牛奶中。

[4] 巧克力粉篩過之後撒在上面，然後再用白巧克力片做裝飾。
  *這裡的白巧克力片，指的是像花一樣的白巧克力碎片，很適合用來做裝飾。

Tip　薄荷糖漿適量就好

如果加太多薄荷糖漿，顏色雖然會很漂亮，但甜度和涼感會太強烈，很可能會讓人覺得難以入口，也可能影響了巧克力與濃縮咖啡的味道，所以牛奶和薄荷糖漿的比例，建議是10:1最為恰當。

椰奶拿鐵
coconut milk latte

材料

濃縮咖啡40毫升
椰奶80毫升
煉乳30克
牛奶200毫升

椰油、椰子水、椰奶等，都是很多人喜歡的食材。雖然說是對健康有益，但重點是因為這些東西都很好吃。把黏稠的椰奶跟牛奶混在一起做成拿鐵來喝，就能同時享受香醇與爽口兩種感受。喝一杯好像可以在東南亞度假勝地品嘗到的椰奶拿鐵，那一刻絕對會產生自己真的在度假的錯覺。

作法

[1] 把椰奶和煉乳倒入杯子裡，拌開之後再加牛奶攪拌。

[2] 將步驟[1]的椰奶倒入矽膠的製冰模中，在冷凍室裡冰12小時。

[3] 放入大約6顆椰奶冰塊到杯子裡。

[4] 倒入濃縮咖啡。

Tip　請使用矽膠製冰模

因為椰奶的質地很滑順，所以如果是用塑膠材質的製冰模，可能會不容易脫模導致冰塊碎掉，矽膠的模具比較容易脫模，也不容易破掉。

FRUITS

1_ 水果酵素

以新鮮水果加入砂糖製成水果酵素，
就不必擔心水果爛掉，可以延長賞味期限。
接著就來介紹利用這些酵素，
讓我們可以品嚐水果天然原味的食譜。

木槿檸檬氣泡飲
hibiscus lemonade

材料
檸檬酵素30克 (參考第55頁)
木槿茶包1個
水60毫升
檸檬切片2片
氣泡水1瓶 (325毫升)
冰塊 (正方形) 13個

木槿與檸檬是很合的兩種食材。檸檬生吃太酸,可能會讓很多人無法入口,不過如果做成酵素的話,檸檬就會變得酸酸甜甜。來一杯清爽的木槿檸檬氣泡飲,絕對可以幫你消暑解渴。

作法
[1] 水煮沸之後將木槿茶包放入,浸泡約10分鐘,然後把茶包拿出來,泡好的茶靜置放涼。

[2] 把檸檬酵素倒入杯中。

[3] 冰塊裝至杯子的一半,然後沿著杯緣交錯放入檸檬切片。

[4] 把剩下的冰塊和氣泡水倒入杯中。

[5] 慢慢倒入步驟[1]的木槿茶。

Tip　做檸檬酵素的時候要切成薄片

在做用於飲料的檸檬酵素時,檸檬必須切成大約0.5公分的薄片。這樣檸檬的酸味才會融合在木槿的甜當中,喝的時候會覺得更清爽。

葡萄柚蜂蜜茶
grapefruit and honey tea

材料

葡萄柚酵素25克 (參考
第55頁)
Melogold葡萄柚1顆
蜂蜜30克
水250毫升
蘋果薄荷適量
冰塊 (正方形) 6個

吃起來又酸又苦的葡萄柚，現在可以甜甜地享用了。以前喝
加了一點點果肉的葡萄柚氣泡飲，總是會讓人覺得好像還缺
了點什麼。因為理解那種想再多吃一點葡萄柚果肉的心情，
所以在這款飲品中放了超大塊的葡萄柚果肉。另外也使用蜂
蜜醃過的葡萄柚，不喜歡葡萄柚苦味的人，應該也可以放心
享用。

作法

[1] 將Melogold葡萄柚的果肉挖出來，泡在蜂蜜裡面在室溫下醃20
到30分鐘。

[2] 將葡萄柚酵素倒入杯中，然後放入冰塊。
*冰塊上面要放Melogold葡萄柚，所以冰塊要裝滿。

[3] 倒水進去。

[4] 在冰塊上面放醃好的葡萄柚。

[5] 以蘋果薄荷裝飾。

Tip 加點蜂蜜會更甜

Melogold葡萄柚沒有紅色果肉的葡萄柚那麼苦，也比較甜一點，很適
合當成甜點或飲品的配料使用。剝皮之後請用蜂蜜浸泡，放在室溫
下醃20到30分鐘。這樣蜂蜜會滲入果肉中，苦味會消失，只留下蜂
蜜與葡萄柚本身的甜。

草莓氣泡飲
strawberry ade

材料
草莓酵素50克 (參考第56頁)
草莓1顆
氣泡水500毫升
檸檬香蜂草適量
冰塊 (圓形) 5個

只要用到草莓,不管是哪一種料理都會變得很美。因為紅色的草莓看起來超級新鮮,而且又具有畫龍點睛的效果。用甜度超高的新鮮草莓做成草莓酵素,即使不用加大量的砂糖也非常美味。可以同時品嘗到新鮮草莓與口感較軟,但甜度卻很高的草莓口感哦!

作法
[1] 把草莓酵素裝進杯子裡。

[2] 將新鮮草莓切成1公分厚,將草莓鋪在杯壁上。

[3] 冰塊放進杯中,然後倒入氣泡水。

[4] 用檸檬香蜂草裝飾,增添一抹綠意。

Tip 草莓請切薄一點
草莓請切成約1.5公分厚。太厚的話會無法跟杯子貼合在一起,沿著杯壁滑到杯底去。草莓要沿著杯壁貼一圈,繞成一個圓。

柚子奶茶
yuja milk tea

材料

柚子酵素30克（參考第51頁）

伯爵茶糖漿10毫升（參考第57頁）

牛奶240毫升

冰塊（迷你碎冰）30克

如果喝膩了伯爵奶茶，那我推薦你試試看這款柚子奶茶。柚子跟牛奶的相遇，會令你意外驚喜。冬天感冒的時候，我們都會喝柚子茶希望自己快點好起來，但現在我們發現了柚子與伯爵茶的組合，這樣一來夏天也可以享用柚子茶了。

作法

[1] 將柚子酵素、伯爵茶糖漿和冰塊放入雪克杯裡搖在一起。

[2] 拿兩個杯子，將步驟[1]的柚子伯爵茶平分倒入兩個杯子中。

[3] 各倒入120毫升的牛奶。

 Tip 請用雪克杯把柚子酵素與伯爵茶糖漿搖在一起

雪克杯是用來混合食材的方便工具。如果把柚子酵素鋪在下面，然後再加入糖漿和牛奶的話，就可以在最後品嘗到一點點柚子的味道，但如果是把柚子酵素跟冰塊、伯爵茶糖漿均勻混合，這樣就能一直喝到柚子味與伯爵茶香。

無酒精葡萄柚莫希多
non-alcoholic grapefruit mojito

材料

葡萄柚酵素20克（參考第55頁）
萊姆1個
蘋果薄荷4株
雪碧190毫升
冰塊（小碎冰）70克
葡萄柚乾1個

這杯飲料會讓人想起曾經風靡一時的流行語：「要不要去莫希多喝杯馬爾地夫」。加了蘋果薄荷與萊姆後，讓飲料本身更清涼，另外還加了可以解渴的葡萄柚。只要喝一杯葡萄柚莫希多，就會感覺自己置身在不遜於馬爾地夫的渡假勝地。這裡的食譜雖然沒有酒精，但各位也可以依照個人喜好加點蘭姆酒，做成酒精飲料哦！

作法

[1] 將萊姆果肉挖出來，然後跟蘋果薄荷攪在一起。

[2] 將葡萄柚酵素裝在杯子裡，然後把步驟[1]的萊姆果肉裝進去。

[3] 加冰塊，再倒入雪碧。

[4] 攪拌一下讓蘋果薄荷與冰塊可以散開。

[5] 用葡萄柚乾做裝飾。

 Tip **蘋果薄荷輕壓一下就好**

莫希多當中最重要的材料就是萊姆跟蘋果薄荷。如果沒有萊姆，那也可以使用萊姆汁。蘋果薄荷如果壓得太用力可能會有點苦，建議萊姆只要稍微擠出汁，蘋果薄荷則壓一下讓香味更濃郁一點就可以了。

小蘋果氣泡飲
mini apple ade

材料
蘋果酵素30毫升 (參考
第54頁)
蘋果汁40毫升
氣泡水250毫升
小蘋果 (袖珍蘋果) 2個
冰塊 (大圓冰) 1個

早上吃一顆蘋果對健康很有幫助,所以大家才會稱蘋果為黃
金蘋果。甚至還有一句話説「一天一蘋果,醫生遠離我」呢!
一大顆的蘋果要一次吃掉可能會太多,但如果切開來分裝,
則會因為褐變而使果肉變色,必須盡快吃掉。選擇大小適中
的袖珍蘋果,不僅吃起來方便,分量也不會太多。

作法
[1] 將蘋果酵素倒入杯中。

[2] 倒入蘋果汁並加入冰塊。

[3] 倒入氣泡水後攪拌。
　　*讓果肉自然浮在水面上。

[4] 將一顆袖珍蘋果切片,另外一顆對切後放進杯中。

Tip　加了水果的冰塊有極佳的裝飾效果

在做氣泡飲的時候很適合用大顆的冰塊,而且加新鮮水果做裝飾
時,大顆冰塊也不會擋住水果本身,影響到視覺呈現。把原本就不
大的袖珍蘋果切小一點,放進圓冰的製冰盒中,跟水一起結凍的話,
就可以做出裡面帶有蘋果果肉的冰塊囉!

鳳梨咖啡
pineapple coffee

材料 (2杯)
鳳梨酵素30毫升 (參考第54頁)
即溶黑咖啡2包 (18克)
水200毫升
百里香適量
冰塊 (迷你碎冰) 200克

鳳梨的魅力實在是太多變、太迷人了。比起添加人工香料的糖漿,我更偏好水果的天然香味,而鳳梨就是最符合我喜好的食材。聞起來很清爽,果肉不僅含水量高又很甜,很適合搭配苦澀的咖啡。在瓶子裡裝滿冰塊,再加入鳳梨酵素與咖啡就完成了,因為簡單所以更棒。

作法

[1] 即溶黑咖啡用水泡開,然後裝進細口壺中。

[2] 把鳳梨酵素倒入塑膠瓶裡。
　　*用茶匙一點一點地把鳳梨酵素舀進開口較小的瓶子裡。

[3] 放入冰塊與百里香。
　　*因為開口比較小,冰塊要放多一點才行,所以推薦使用大小不一的迷你碎冰。也可以用便利商店賣的杯裝冰塊。

[4] 將步驟[1]的咖啡慢慢倒入瓶中。

 Tip 咖啡要慢慢倒進去才能做出漸層

在做飲料的時候,要依序把較重的水果酵素、冰塊、咖啡慢慢倒入瓶中。如果用開口很大的杯子,一口氣全部倒進去的話,液體就會沿著瓶壁往下流,無法做出美麗的漸層。所以推薦使用細口壺這種開口較細長的工具,慢慢地將咖啡倒進去,這樣才能做出自然的漸層。要喝之前可以先蓋上蓋子搖一搖,讓咖啡跟水果酵素能均勻混合在一起。

鳳梨醋氣泡飲
pineapple vinegar ade

材料

鳳梨酵素3大匙（參考第54頁）

氣泡水1瓶（300毫升）

醋6毫升

冰塊（大圓冰）1個

鳳梨切片4塊

把鳳梨做成鳳梨醋之後，覺得剩下的果肉真的很可惜，所以就再做成鳳梨酵素，然後嘗試跟醋加在一起。做鳳梨醋剩下的鳳梨果肉會比較酸，所以沒辦法直接吃，但做成鳳梨醋氣泡飲時，果肉就會呈現微妙的酸味，反而很美味哦！

作法

[1] 將鳳梨酵素倒入杯中。
　　*請多放點果肉。

[2] 加入冰塊，再倒入氣泡水。

[3] 加醋後拌勻。

[4] 將鳳梨果肉用竹籤串起來做裝飾。

Tip　醋的分量要正確

醋如果加太少，喝起來會不夠酸甜，但如果加太多反而會太酸，無法品嘗到鳳梨的美味。所以醋的分量必須要拿捏得剛剛好。氣泡水的分量建議是1瓶再額外加6毫升或1小匙。鳳梨本身雖然屬於酸性水果，但醋進到身體裡之後卻會變成鹼性，所以鳳梨跟醋可以說是最佳組合。

草莓紅茶
black tea with strawberry

材料

草莓酵素 20 克（參考第 56 頁）
紅茶（伯爵茶）茶包 1 個
水 100 毫升
牛奶 150 毫升
草莓 2 個
迷迭香 1 株
百里香適量
冰塊（正方形）8 個

放幾片鮮紅且熟得剛剛好的草莓，會有一種翠綠森林裡長出新鮮草莓的清涼感。水蜜桃茶是我們比較熟悉的水果茶，這次我用草莓跟紅茶試著做成不一樣的水果冰茶。草莓的香味刺激著鼻尖，同時還能品嚐到新鮮甜蜜的草莓。如果能夠加入柔軟綿密的奶泡，絕對能感受到草莓紅茶的迷人之處。

作法

[1] 水煮沸之後放入紅茶茶包，泡 2 分鐘之後把茶包拿出來。

[2] 草莓的蒂摘掉後將草莓對切。

[3] 將草莓酵素倒入杯中，然後再倒入紅茶、加入冰塊攪拌。

[4] 牛奶用微波爐熱 40 秒，然後再用電動攪拌器打大約 1 分鐘打出奶泡。

[5] 將鬆軟綿密的奶泡鋪在步驟[3]的紅茶上面。

[6] 將草莓輕輕地放在奶泡上，再插上迷迭香與百里香做裝飾。

Tip　草莓要直的對切

草莓必須要直的對切，保留草莓本身的狹長形狀，而且這樣草莓看起來更漂亮。再加一點百里香跟迷迭香，會有一種森林裡長了顆草莓樹的感覺。

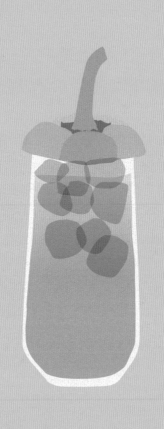

2_ 新鮮水果

用完整的新鮮水果，
加上蔬菜或乳製品，
做成健康又新鮮的飲料。

櫻桃椰子思慕昔
cherry and coconut milk smoothie

材料

櫻桃20顆
椰奶70毫升
牛奶140毫升
煉乳45克
冰塊（迷你碎冰）16個

甜中帶酸的櫻桃，去籽的過程雖然有點繁瑣，但把櫻桃對切開來，再把裡面的籽挖出來也是另一番樂趣。說是繁瑣，其實只要拿刀子從中間把櫻桃對切成兩半，籽就會自己掉出來了。這樣一來櫻桃就不再是麻煩的水果，而是紅色的美味水果了！

作法

[1] 櫻桃對切開來，把籽去掉。

[2] 將椰奶、牛奶50毫升、冰塊放入調理機中打在一起。

[3] 將步驟[2]的冰椰奶倒入杯中。

[4] 將12顆櫻桃、煉乳、牛奶90毫升用調理機打在一起。

[5] 將步驟[4]的櫻桃牛奶倒入杯中。

[6] 將剩下的8顆櫻桃一層層疊在杯子上。

Tip 椰奶要打得細緻

因為椰奶很濃稠，所以必須要加點牛奶變得更柔順細緻。椰奶如果結塊，就沒辦法跟櫻桃拌在一起，喝下去會有咬舌頭的感覺。順口的櫻桃椰子思慕昔，就是要靠椰奶的香與櫻桃的甜才能夠更完美。

芒果思慕昔
mango smoothie

材料（2杯）
芒果2個
杯裝優格2杯（166毫升）
打發鮮奶油100毫升
椰奶30毫升
冰塊（迷你碎冰）10個

將東南亞夏季盛產的芒果對切開來，然後再切成一小塊一小塊，直接吃下這些新鮮的果肉，是最快最方便的吃法。不過其實芒果也可以做成沙拉、果泥、思慕昔等不同的料理喔。也很適合搭配各種食材、做成不同的飲品，加點優格和椰奶，就變成充滿異國情調的飲料了。

作法

[1] 將芒果對切開來，用刀子慢慢把果肉劃開，然後再把皮往內翻，這樣就可以輕輕鬆鬆將果肉與果皮分離。將然後拿其中一部分的芒果，切成6塊1公分的方塊，準備最後做裝飾用。

[2] 除了裝飾用的芒果之外，其他的芒果與優格用調理機打在一起。

[3] 將鮮奶油和椰奶倒入盆中，用手持攪拌器打30秒，把鮮奶油打發。

[4] 冰塊放入杯中，再倒入步驟[2]的芒果優格。

[5] 用湯匙把步驟[3]的椰奶一匙一匙舀到杯子裡。

[6] 兩杯各放3塊裝飾用的芒果。

Tip 要同時使用鮮奶油和椰奶

在鮮奶油裡面加椰奶，就可以在不加糖的情況下，打出密度很高的鮮奶油了。這樣一來，將鮮奶油鋪在思慕昔上面時，鮮奶油就不會沉下去，能夠做出分層，也可以支撐用來裝飾的水果餡料。

堅果香蕉思慕昔
nuts and banana smoothie

材料

香蕉2根
堅果 (核桃、杏仁、腰果) 25克
牛奶200毫升
蜂蜜30克
巧克力餅乾 (香蕉造型) 2個
冰塊 (正方形) 4個

香蕉是在做飲料或早午餐時,經常會使用到的水果,只要吃一根就很有飽足感。堅果的香味與香蕉的甜結合在一起,做出這杯幾乎可以代替正餐的美味思慕昔。香蕉價格便宜,且一年四季都能享用,是吃起來不會有負擔,讓人感激萬分的水果。

作法

[1] 香蕉鮮切出3~4片裝飾用的切片,剩下的全部切碎。

[2] 將香蕉、堅果、牛奶、蜂蜜與冰塊用調理機打在一起。

[3] 在杯中倒入步驟[2]的香蕉思慕昔。

[4] 用巧克力餅乾跟香蕉切片做裝飾。

 Tip 堅果的顆粒可以粗一點

提醒大家,外皮有黑色斑點的香蕉更甜。另外也建議核桃、杏仁、腰果等堅果不要打得太碎,稍微留一點顆粒,才能保留咀嚼的口感。

奇異果西瓜思慕昔
kiwi and watermelon smoothie

材料

西瓜 100克
奇異果 2個
水 50毫升
鹽巴適量
冰塊 (迷你碎冰) 70克

西瓜是象徵夏天的水果，充滿水分的紅色果肉，一口咬下去就能讓暑氣全消。比起直接吃西瓜，我更喜歡把西瓜打成汁來喝，因為這樣西瓜感覺更甜。一起來看看又甜又能解渴的奇異果西瓜思慕昔，到底該怎麼做吧！

作法

[1] 鹽巴和西瓜用調理機打在一起。
　　*西瓜的水分較多，不必另外加水也沒關係。鹽巴則能夠襯托西瓜的甜。

[2] 將二分之一顆奇異果切片。

[3] 把奇異果切片貼在杯壁的內側。

[4] 將剩餘的奇異果和水用調理機打在一起，然後倒入杯中。

[5] 將冰塊放入杯中，再把步驟[1]的西瓜泥慢慢倒入。

Tip **用顏色與重量不同的水果做出分層**

為了讓奇異果和西瓜不要混在一起，所以西瓜比需要更輕。這樣通常就需要榨成汁，或是稍微過濾一下把果肉濾掉，而且這樣一來味道也會更清爽。但我因為喜歡吃到果肉，所以就沒有過濾，直接把打好的西瓜泥拿來用了。

酪梨思慕昔
avocado smoothie

材料
酪梨 1個
杏仁牛奶 190毫升
綠茶冰淇淋 60克
冰塊（迷你碎冰）15個

為了少洗一個碗，所以我決定拿酪梨的皮來當容器使用。酪梨對切開來，將果肉挖出來之後，再重新用酪梨思慕昔填滿，然後放上酪梨籽，看起來就像真正的酪梨一樣。酪梨的皮也會讓這道甜點變得更可愛。

作法
[1] 將酪梨對切，拿刀子插進籽裡，把籽挖出來。

[2] 將籽洗乾淨，然後把果肉跟皮分離。

[3] 酪梨果肉、杏仁牛奶、抹茶冰淇淋跟冰塊用調理機打在一起。

[4] 將步驟[3]打好的果泥，放進冰箱冷凍庫裡冰5分鐘，等稍微凝固後再拿出來。

[5] 將步驟[4]凝固的酪梨果泥裝進酪梨的果皮中，然後把籽放在中間。
   *如果想用可以吃的食材來代替酪梨籽，建議可以用巧克力球。

 Tip 使用已經熟了的酪梨

比起還是全綠色的酪梨，外皮上已經出現斑點，開始慢慢變成黑色的，才是已經熟了的酪梨。成熟的酪梨對切之後，很容易就能把籽跟果肉分開。然後再用比較大支的湯匙，小心地將果肉挖出來。

蘋果甘藍汁
apple kale juice

材料 (2杯)
蘋果2個
甘藍5片
檸檬1/2個
菊苣2片
水200毫升
冰塊 (正方形) 10個

蘋果和甘藍其實是很合的食材。蘋果的甜可以中和甘藍的苦，膳食纖維也很豐富。如果你想吃對身體有益的甘藍，但卻不喜歡甘藍的苦，那我推薦你喝這杯蘋果甘藍汁。就用一杯青綠色的果汁，展開輕盈的早晨吧！

作法

[1] 甘藍洗乾淨把水擦乾，蘋果切成塊。

[2] 檸檬用榨汁機榨汁。

[3] 將蘋果、甘藍、檸檬汁、水、冰塊用調理機打在一起。

[4] 將步驟[3]的蘋果甘藍汁分倒入杯中，再放上菊苣做裝飾。

 Tip　用蘋果和檸檬中和甘藍的苦

甘藍葉非常大片，甚至比成人的臉還大，所以100毫升的水差不多可以打成2杯。如果沒辦法接受甘藍的味道，那就加點水果吧。蘋果可以中和甘藍的苦，檸檬則能夠去除甘藍的土味哦！

柳橙冰沙氣泡飲
orange sherbet ade

材料

柳橙3個
雪碧250毫升
砂糖25克
寡糖5克
氣泡水300毫升
冰塊 (圓形) 6個

雖然喜歡味道濃郁又豐富多變的冰淇淋,但熱量實在很高,讓人不太敢隨便碰,而且對健康好像也不太好。遇到這種情況,我就會自己在家裡做冰沙。用新鮮水果做冰沙就不用擔心熱量,酸酸甜甜地反而更好吃呢。製作的過程非常簡單,是最適合消暑的菜單啦!

作法

[1] 將兩顆柳橙的果肉挖出來。

[2] 將挖出來的柳橙果肉裝在碗裡,倒入雪碧之後用手持攪拌器打在一起。

[3] 把步驟[2]的柳橙果泥倒入托盤裡,放入冰箱冷凍庫冰約1小時30分。

[4] 把步驟[3]的果泥拿出來,用叉子稍微敲碎之後,再放入冷凍庫冰4小時。

[5] 再拿一個柳橙把果肉挖出來,跟砂糖、寡糖拌在一起。

[6] 將步驟[5]的柳橙果肉裝入杯中,加入冰塊和氣泡水。

[7] 把柳橙冰拿出來,放個3分鐘左右,再用叉子把冰弄碎,然後用冰淇淋勺挖起來。

[8] 將柳橙冰沙放到步驟[6]的杯子上。

Tip 冰沙要戳的越碎越好

冰沙的顆粒最好小一點,建議可以用手持攪拌器打碎之後再冰。用叉子戳的時候也要小心一點,力道要放輕。顆粒要是太粗,用冰淇淋勺挖的時候,冰塊很容易散開掉落,不容易凝聚在一起。

小番茄羅勒氣泡飲
cherry tomato and basil ade

材料

小番茄5個
白酒40毫升
白糖漿20毫升 (參考第
74頁)
氣泡水190毫升
羅勒葉4片
冰塊 (圓形8個)

帶點香味很有魅力的羅勒,和滋味香甜的小番茄,是非常適合搭配在一起的兩種食材喔。也經常被用於義大利麵、沙拉、披薩等各種料理中。所以喝小番茄羅勒氣泡飲的時候,會有一種在吃義大利麵或是沙拉的感覺。這裡再加點白酒的話,就可以讓這杯飲料更特別。想喝特別的飲料時,一定會想起它。

作法

[1] 將小番茄的蒂摘掉,在頂部用刀子劃一個十字,然後用滾水浸泡約20秒,拿出來之後再把皮剝掉。

[2] 將小番茄、白酒、白糖漿倒入碗中,再用搗碎。

[3] 將步驟[2]的番茄泥倒入杯中,然後裝滿冰塊。

[4] 放上羅勒葉,再倒入氣泡水。

 Tip 小番茄要稍微壓碎

我們要稍微把小番茄壓到出汁,讓小番茄的果汁能跟白酒混合在一起。留下部分的果肉,這樣可以增添口感。

草莓拿鐵
strawberry latte

材料

草莓 15 個
砂糖 30 克
檸檬汁 10 毫升
牛奶 150 毫升
草莓冰淇淋 50 克
糖粉 2 克
冰塊（正方形）6～7 個

到了草莓季，四處都能看到草莓製成的飲品。酸甜的草莓與香醇的牛奶實在太美味，成了我們一年四季都想要品嘗的飲料。我挑選的是新鮮的草莓，連蒂的附近都完全變紅，蒂本身也帶著非常鮮豔的綠色。

作法

[1] 將 6 個草莓和砂糖放倒入碗中拌在一起。

[2] 糖融化之後就倒入鍋中，用中火煮沸，產生泡沫的話記得要把泡沫撈掉。

[3] 加入檸檬汁煮約 3 分鐘，然後把火關掉放量，做成水煮草莓。

[4] 冰塊裝入杯中，並倒入牛奶。

[5] 將步驟[3]的水煮草莓倒入杯中。

[6] 挖一球草莓冰淇淋，放在杯子上面。

[7] 將 9 顆草莓的蒂切掉，然後直的對切開來，再把草莓貼在草莓冰淇淋上。

[8] 糖粉篩過一遍撒在上面，看起來就像下雪。

Tip 水煮草莓做一次可以吃完的份量就好

水煮草莓做起來很簡單，要用多少做多少就好。因為沒有加很多糖，所以可以保留草莓的味道，果肉又變得很美味。在上頭加點牛奶，將果肉浸泡其中攪拌，就可以做出粉紅色的漂亮拿鐵了。

哈密瓜氣泡飲
melon ade

材料

哈密瓜 1/2個
檸檬汁 2大匙
蜂蜜 30克
氣泡水 300毫升
冰塊 (圓形) 6個

在日本經常可以喝到哈密瓜汽水。是一種在汽水裡面加哈密瓜糖漿的甜飲，但在韓國卻幾乎找不到。我一直都很想試做一次，但卻買不到哈密瓜糖漿，所以始終無法挑戰。為了撫慰這遺憾，我就試著做加了哈密瓜的氣泡飲。哈密瓜的甜與檸檬的酸相遇，酸酸甜甜的哈密瓜氣泡飲就誕生了。放一球香草冰淇淋上去，味道會更豐富哦！

作法

[1] 用水果挖球器把哈密瓜果肉一球一球挖出來，挖11～12球，剩下的果肉就用切的。

[2] 將切好的哈密瓜果肉和1大匙檸檬汁、蜂蜜用調理機打在一起。

[3] 將步驟[2]的哈密瓜果泥倒入杯中，放入冰塊，然後再放入哈密瓜果肉球。

[4] 加1大匙檸檬汁，然後再倒入氣泡水。

 Tip **請用水果挖球器**

推薦用挖球器把哈密瓜挖成方便食用的大小。哈密瓜籽以外的軟爛果肉，是整顆哈密瓜最甜的部分，推薦從距離果皮0.5公分的地方開始挖，因為哈密瓜果皮比較硬，可能會影響到哈密瓜的口感哦！

甜椒橘子汁
paprika and tangerine juice

材料

甜椒（黃色）1個
橘子3個
水80毫升
冰塊（正方形）5個

雖然甜椒又脆又富含維他命，但不喜歡的人還是很多。雖然平時我不太吃甜椒，但跟橘子一起打成果汁卻非常好喝，應該大家都可以接受。就用美味的甜椒橘子汁，多多攝取對身體健康有益的甜椒吧。

作法

[1] 用刀子把甜椒籽和白色的部分都挖出來。

[2] 甜椒、橘子、水用調理機打在一起。

[3] 將步驟[2]的甜椒橘子汁倒入杯中，然後放入冰塊。

[4] 切下的甜椒蒂頭，放在杯子上當成蓋子使用。

 Tip　甜椒蒂頭要留下來

處理甜椒的時候切下的甜椒蒂頭，可以拿來做裝飾。把跟甜椒芯相連的部分切開，然後用手拉著甜椒蒂頭，就可以輕鬆快速地把甜椒處理好。

草莓優格思慕昔
strawberry and yogurt smoothie

材料
草莓8個
優酪乳130毫升
希臘優格95克
檸檬香蜂草適量
冰塊（圓形）7～8個

草莓是可以變化成各種料理的水果。在做草莓飲料的時候可以使用冷凍草莓，但卻比不上新鮮草莓的新鮮與美麗。我在這裡加了點優格，讓美味之外也多了對健康有益的乳酸菌，喝完之後應該會覺得通體舒暢。

作法
[1] 將7顆草莓的蒂頭拔掉，然後加入50毫升優酪乳，用調理機打在一起。
[2] 冰塊裝入杯中，倒入步驟[1]的草莓優酪乳，然後加入80毫升的優酪乳。
[3] 挖一個半月型的希臘優格放到杯子裡。
[4] 用剩下的1顆草莓做裝飾，檸檬香蜂草輕輕地放在草莓旁邊。

Tip 同時使用希臘優格和優酪乳
希臘優格沒有添加砂糖或是香料，完全沒有任何人工的調味料，質感又比較黏稠，所以能夠做出分層，而且味道濃郁，很適合做裝飾。在這裡我加了一點優酪乳，讓草莓果泥的口感不會太濃稠，稍微調整了一下濃度。

藍莓思慕昔
blueberry smoothie

材料 (2杯)

藍莓 120克
龍舌蘭糖漿 50毫升
牛奶 600毫升
打發鮮奶油 (噴式)
40克
藍莓 3～4顆 (裝飾用)
蘋果薄荷 (適量)
冰塊 (正方形) 3～4個

藍莓是知名的護眼水果，雖然有點酸，但對健康有益，所以大家都會吃，做成思慕昔之後比較沒那麼酸，吃起來更美味了。因為藍莓思慕昔的甜與酸，會讓人忍不住眨眼，我很認真在想可能是因為這樣才對眼睛健康有益吧。

作法

[1] 用調理機把藍莓跟龍舌蘭糖漿打在一起。

[2] 將牛奶倒入杯中，並放入冰塊。

[3] 將步驟[1]的藍莓汁沿著杯緣倒入杯中。

[4] 在最上面擠上兩圈鮮奶油。
　　*使用噴式的打發鮮奶油比較方便。如果是用一般的鮮奶油，打發之後就裝到擠花袋，然後用水波紋花嘴。

[5] 放上3～4顆藍莓，然後再用蘋果薄荷做裝飾。

Tip 用龍舌蘭糖漿代替砂糖

龍舌蘭糖漿是從龍舌蘭仙人掌萃取出的糖漿，含有維生素與礦物質。甜度比砂糖更高，但比較沒那麼黏稠，具有天然甜味。不過即使對身體有益，攝取過多還是不好，所以要注意盡量不要過量。

白桑格利亞
white wine sangria

材料

柳橙1/2個
奇異果1/2個
青葡萄7個
草莓3個
藍莓6個
氣泡水250毫升
白酒250毫升

在白酒中放入各種水果的桑格利亞，喝的時候會有一種在開派對的感覺，在家中水果太多，處理起來有點麻煩的時候，就可以用這種方式解決。一杯一杯喝著喝著，很快就能夠喝光。適合搭配鮮脆的水果，也可以配起司或三明治。如果有美味的點心或一小塊起司，再搭配一杯白桑格利亞，平凡的一天就會變得像派對一樣。

作法

[1] 在水裡加入蘇打粉，然後水果放進去浸泡一再撈出來，接著用自來水洗乾淨。

[2] 柳橙和奇異果剝皮後將果肉挖出來。

[3] 青葡萄、草莓、藍莓對切或切片。

[4] 將水果依序放入玻璃瓶中。

[5] 倒入氣泡水與白酒，在冰箱冷藏3～4小時等待發酵。
  *桑格利亞發酵越久，水果的甜就越能散發出來，會更好喝。

 Tip 口味比較甜的人就加點雪碧

用有點甜的白酒，就可以喝到甜度適中的桑格利亞。而且水果的甜也會散發出來，建議可以用氣泡水來調整甜味。如果口味比較甜的人，也可以用雪碧來代替氣泡水。

—

TEA

—

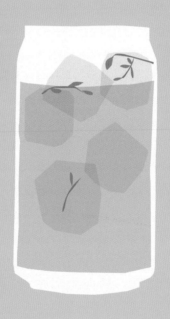

1_抹茶與綠茶

最近比較時尚的咖啡廳，都一定會有抹茶跟綠茶相關的飲品，
做成冰的更能夠凸顯綠茶的魅力呢。這裡就介紹一些就算不了解茶，
也可以喝得很開心的食譜。

抹茶咖啡拿鐵
matcha coffee latte

材料
抹茶3克
水20毫升
煉乳45克
牛奶250毫升
濃縮咖啡30毫升
冰塊 (正方形) 10個

這杯飲料分成三層看起來超美。你可能會疑惑，抹茶跟微苦的濃縮咖啡放在一起到底好不好喝，但喝下去之後會覺得兩者合適到令人驚訝。咖啡與抹茶的組合真的非常迷人！抹茶比綠茶更澀一點，所以如果喜歡濃郁的茶香，那就用抹茶粉，如果希望口感柔和一點，那就改用綠茶粉。

作法

[1] 水煮沸之後倒入抹茶粉，輕輕攪拌開來。
  *如果有結塊會比較澀。

[2] 在抹茶中加入煉乳攪拌。

[3] 加入冰塊，然後倒入加了煉乳的抹茶。

[4] 倒入牛奶。

[5] 慢慢地倒入濃縮咖啡。

Tip　先把較濃的食材倒進杯中

想要做出分層的時候，濃度較濃的抹茶應該要在最底下，再依序將牛奶跟濃縮咖啡，這樣就可以分出三層。濃縮咖啡可以用細口壺裝著慢慢倒進去，或是倒在冰塊上頭，這樣就會因為跟牛奶的溫差，形成漂亮的漸層。

抹茶拿鐵
matcha latte

材料

抹茶4克
水30毫升
香草糖漿25毫升 (參考
第58頁)
牛奶300毫升
冰塊 (圓形) 10個

抹茶拿鐵是我的招牌,我喜歡到一次可以喝兩杯。即使是不喜歡抹茶苦澀口感的人,也會超級喜歡這款飲料。如果再加一球綠茶冰淇淋,那就能夠同時享受到抹茶兼具甜蜜與苦澀的雙面魅力。

作法

[1] 水燒熱之後加入抹茶粉攪拌。
　　*用茶匙一邊壓抑邊攪拌,或是用茶筅。

[2] 將香草糖漿倒入步驟[1]的抹茶中。

[3] 冰塊裝入杯中,並倒入牛奶。
　　*抹茶拿鐵適合長的杯子!

[4] 沿著杯壁將步驟[2]的抹茶慢慢倒入。

Tip **用香草糖漿來蓋掉抹茶的土味**

為了做出漂亮的漸層,所以我們會用香草糖漿來點綴。只要將密度較高的抹茶用少量的水泡開,然後再倒入杯中,就可以做出水流漸層感。另外,香草拿鐵也可以蓋過抹茶特有的味道,喝起來更順口。

抹茶阿芙佳朵
matcha affogato

材料

抹茶3克

水15毫升

砂糖20克

牛奶40毫升

鮮奶油20毫升

綠茶冰淇淋1球

濃縮咖啡20毫升

這不像一般的阿芙佳朵，在吃之前會將濃縮咖啡從冰淇淋上面倒下去，而是可以同時享受鮮奶油、冰淇淋與濃縮咖啡的飲料。甜甜的綠茶冰淇淋帶給你甜蜜滋味，結凍的鮮奶油帶點沙沙的口感，再加入與熱濃縮咖啡攪拌再一起的抹茶牛奶，會有一種在喝冰沙的感覺。

作法

[1] 水煮開之後加入抹茶和砂糖攪拌。

[2] 將牛奶倒入步驟[1]中攪拌。

　*如果用的是含糖抹茶，那牛奶就減少為25毫升，砂糖減少為10克。

[3] 將步驟[2]抹茶牛奶倒入杯中，放入冰箱冷凍2～3小時。

　*我用的是DURALEX Picardie這款玻璃杯。抹茶牛奶夏天大約要冰半天，冬天則只要冰2～3小時就好。

[4] 將鮮奶油放入結凍的抹茶牛奶杯中，然後再放進冰箱冷凍30分鐘。

[5] 把步驟[4]的杯子拿出來，上面放一球綠茶冰淇淋。

[6] 像水柱從高處往下流一樣，將濃縮咖啡慢慢地倒在冰淇淋上。

　*可以用一根長湯匙，同時把冰淇淋、鮮奶油和抹茶牛奶一起挖起來吃。

Tip **用冰淇淋勺來固定冰淇淋的形狀**

為了讓冰淇淋呈現球形，推薦大家使用冰淇淋勺。勺子可以先用熱水浸泡一下，然後用一般的湯匙慢慢將冰淇淋挖起來，塞進冰淇淋勺裡，把勺子整個塞滿。最後再把開口整理成平整的平面，然後拿到冰箱冷凍5～10分鐘。這樣冰淇淋就不會融化得太快，可以維持低溫較久。

抹茶星冰樂
matcha frappuccino

材料
抹茶6克
鮮奶油100毫升
砂糖20克
牛奶210毫升
煉乳15克
肉桂糖漿15毫升 (參考
第59頁)
綠茶冰淇淋50克
冰塊 (正方形) 15個
抹茶 (裝飾用) 適量

舀一匙同時有抹茶又有冰塊的星冰樂,就可以同時感受到舌頭上的清涼滋味,與滑過喉頭的柔軟鮮奶油。這裡再加一點綠茶冰淇淋,就可以享受其他甜點沒有的甜蜜。

作法
[1] 拿一個比較深的碗,將砂糖和鮮奶油倒入,用手持攪拌機打1分
30秒。

[2] 抹茶和牛奶用調理機開超高速打在一起。

[3] 在步驟[2]的抹茶牛奶中加入煉乳肉桂糖漿、綠茶冰淇淋、冰塊,
然後將調理機調到強打40秒,接著再轉到弱,然後多打10秒。

[4] 將步驟[3]的抹茶牛奶冰沙裝入杯中,以冰淇淋勺挖步驟[1]的鮮
奶油放到上面。

[5] 利用篩子撒一點抹茶粉在最上面。

 鮮奶油要紮實

鮮奶油要紮實,用冰淇淋勺去挖的時候,才能夠維持固定的形狀。
打發的時候,手持攪拌機要朝逆時針方向轉,這樣才能夠做出比較
粗糙的口感,最後再以順時間方向轉。

柚子綠茶特調

yuja green tea ice blended

材料

綠茶包1個
水100毫升
柚子酵素60克（參考第51頁）
冰塊（正方形）20個

做好柚子酵素之後，一年四季就都能品嘗到又甜又爽口的柚子。柚子的維生素C比檸檬和蘋果更多，如果能在紫外線較強的季節多吃柚子，會很有幫助。不要再只喝柚子茶了，來試著挑戰別的菜單吧！

作法

[1] 水煮開之後將茶包放入，浸泡約5分鐘。

[2] 泡好的綠茶加入冰塊，用果汁機開「強」打20秒左右。

[3] 在步驟[2]的綠茶冰沙中加入45克的柚子酵素，然後再打50秒到1分鐘。
　*放入越多柚子皮與果肉，就越能帶出柚子的香味。

[4] 將步驟[3]的柚茶抹茶冰沙倒入杯中，堆得像山一樣。

[5] 最後再淋上15克的柚子酵素。

Tip　綠茶要用熱水泡

如果一直把茶包放在熱水裡面，喝的時候和喝完之後，嘴巴都會覺得很澀。所以建議茶包只要放5分鐘就好。這樣就算冰塊融化，味道也不會變淡，跟柚子一起料理之後，舌尖就能感受到柚子中帶一點隱約的綠茶味。

綠茶奶油拿鐵
green tea cream latte

材料
綠茶粉5克
牛奶200毫升
蜂蜜2大匙
打發鮮奶油70毫升
砂糖15克
冰塊（大圓冰）1個

小時候不了解綠茶的美味，一直很好奇綠茶那麼苦，為什麼還要喝？但現在卻已經不能沒有它了。綠茶有著深沉的滋味，再搭配雪白的鮮奶油，讓這杯飲料感覺就像是碧綠的草原上下了一場雪。而加了鮮奶油的飲料，也很適合搭配餅乾。可以拿餅乾去沾鮮奶油來吃，會覺得心情都好了起來。

作法
[1] 將綠茶粉、牛奶、蜂蜜裝在鍋子裡，用中火煮1分30秒至2分鐘。

[2] 讓煮沸的綠茶牛奶放涼。

[3] 用一個比較深的碗，將打發鮮奶油和砂糖加進去，用手持攪拌機打約1分鐘。
   *質感不要太紮實，要比較偏流質的感覺。

[4] 將綠茶牛奶和冰塊裝進杯中，再用湯匙把打發鮮奶油舀到上面去。

Tip　綠茶粉要用熱牛奶泡開

沒有加糖的綠茶粉如果用冷水泡可能會結塊，後味也會比較澀。用熱牛奶泡開，則會溶解得比較徹底。牛奶煮開之後會變得比較甜，再加蜂蜜會更甜，也能讓綠茶的口感更清爽。

檸檬綠茶
lemon green tea

材料

綠茶包1個
水250毫升
檸檬1個
砂糖20克
百里香1株
冰塊（迷你碎冰）50克

某天，我喝了便利商店賣的檸檬綠茶，那味道甜到讓人很難相信裡面有加檸檬，但也因為太甜，所以實在沒辦法常喝。所以我就用自己的方法做了檸檬綠茶，稍微沒那麼甜，比較爽口。

作法

[1] 用70～80度的水泡綠茶包，大約泡2分30秒左右。

[2] 檸檬直的對切開來，將其中一半切成半月形，另外一半則榨汁。

[3] 榨好的檸檬汁加點糖拌勻。

[4] 把泡好的綠茶跟檸檬汁一起倒入杯中。

[5] 裝滿冰塊，再放入兩片檸檬。

[6] 根據個人喜好搭配百里香做裝飾。

Tip 在檸檬汁裡加點砂糖中和酸味

如果只加檸檬汁酸味會太強，可能會讓人喝不下去，所以建議加點砂糖。如果加糖漿，會覺得跟檸檬汁好像無法完全結合在一起，砂糖能夠溶化在檸檬汁中，讓檸檬汁變得又酸又甜。另外建議靜置個10分鐘，等砂糖完全溶化再進行下一步。

抹茶氣泡飲
matcha ade

材料
抹茶5克
水200毫升
氣泡水320毫升
香草冰塊（正方形）
12個

吃了油膩膩的食物之後，都會覺得肚子很脹。這時候喝一杯抹茶氣泡飲，就能夠消除口中油膩的感覺。這是用氣泡水加抹茶做成的簡單飲品，先把泡開的抹茶倒入杯中，再倒入氣泡水，氣泡咕嚕咕嚕地一直浮上來，完全不用擔心溢出來，而且看起來也超美。如果用雪碧代替氣泡水，喝起來就會比較甜哦！

作法
[1] 水煮沸之後加入抹茶，用茶筅拌勻。
[2] 將香草冰塊放入杯中。
[3] 將步驟[1]的抹茶倒入杯中。
[4] 倒入氣泡水。

Tip **香草冰塊有裝飾效果**
如果製作的過程中覺得飲料看起來有點單調，那就使用加了香草的冰塊吧！做冰塊的時候，把百里香切開放在水裡一起放進冰箱結凍，就可以做出漂亮的香草冰塊囉！冰塊要透明，才能夠凸顯香草的存在，所以開水要用之前最好再煮沸一次，這樣做出來的冰塊才會透明，香草冰塊才會漂亮。

抹茶紅豆拿鐵
matcha redbean latte

材料
抹茶7克
打發鮮奶油100毫升
水15毫升
砂糖25克
牛奶150毫升
紅豆泥45克
冰塊 (迷你碎冰) 40克

有個簡單的方法，可以讓我們不光是夏天，就連春天、秋天、冬天都能夠簡單地享用冰品。省略處理冰塊、加上各種餡料的過程，直接用調理機把冰塊磨碎，再加上紅豆泥就可以了。紅豆怎麼搭都好吃，跟綠茶則是天作之合。喝一杯抹茶紅豆拿鐵，享受咀嚼時的嘎吱作響，感覺從頭到腳都清涼了起來。

作法

[1] 將抹茶2克和打發鮮奶油倒入碗中，用手持攪拌機打20秒，讓鮮奶油呈現有些黏稠但還無法塑形的狀態。

[2] 水煮開後倒入另一個碗中，加入5克抹茶和砂糖泡開。

[3] 砂糖溶化後就倒入牛奶攪拌。

[4] 先將紅豆泥裝入杯中，然後再依序把步驟[1]的抹茶鮮奶油、步驟[3]的抹茶倒入杯中。

[5] 放入冰塊。
　*用吸管喝完抹茶牛奶之後，再用湯匙把冰塊、鮮奶油和紅豆舀起來吃。

 Tip 抹茶奶油要呈現有點黏稠的液體狀
紅豆泥和抹茶牛奶都有點甜，所以打發鮮奶油可以不必加糖。打發鮮奶油應該先放在冰箱裡冷藏，要用時再拿出來。紅豆泥和抹茶牛奶之間，必須再放一層抹茶鮮奶油，所以鮮奶油不要太紮實，只要打成稍微有點黏稠的狀態就好了。

抹茶磚拿鐵
matcha ice cube latte

材料
抹茶 12 克
水 270 毫升
煉乳 40 克
牛奶 40 毫升

抹茶磚拿鐵是需要煉乳的飲品。不是那種怕冰塊融化，需要咕嚕咕嚕大口喝完的飲料，而是在杯子裡放入抹茶磚，倒入牛奶後等待抹茶磚融化的飲品。牛奶流入抹茶磚當中，可以品嘗到更濃郁的抹茶香。

作法
[1] 水煮開後加抹茶泡開，然後加入煉乳攪拌。

[2] 步驟[1]的抹茶煉乳放涼後，踏入冰塊模具裡，放入冰箱冷凍12小時。

[3] 將6個步驟[2]的抹茶磚放入杯中，再倒入牛奶。

 夏天時可以泡濃濃的抹茶做成抹茶磚

夏天冰塊會融化得比較快，建議抹茶可以泡濃一點再做成抹茶磚，這樣融化之後味道也不會太淡。如果是冬天，則建議混合牛奶跟抹茶做成抹茶磚，加了牛奶之後融化得會比較快。

抹茶卡布奇諾

matcha cappuccino

材料

抹茶2克
水15毫升
牛奶180毫升
冰塊（正方形）7個
抹茶（裝飾用）適量

因為卡布奇諾有鬆軟綿密的奶泡，每次喝的時候都有一種浪漫的感覺。但不光是咖啡，其實抹茶也可以做成卡布奇諾哦！如白色棉花糖的泡沫，堆得像是高帽子一樣，看了就覺得好可愛。

作法

[1] 牛奶用微波爐熱1分30秒。

[2] 熱好的牛奶用手持攪拌機打60～80秒，打出奶泡。

[3] 水煮沸後把抹茶泡開。

[4] 將抹茶倒入杯中，並放入冰塊。

[5] 先用湯匙，把步驟[2]的奶泡舀到冰塊上。

[6] 然後再將剩下的牛奶慢慢倒入，讓奶泡浮到杯口，再用兩根湯匙把奶泡弄成像高帽子的尖角狀。

[7] 用篩子輕輕將抹茶粉撒在最上面。

Tip　請用綿密的奶泡

牛奶打成泡的時候，攪拌機要上下移動，持續打60到80秒，這樣就可以做出綿密的奶泡了。卡布奇諾最重要的一點，就是奶泡不能不見。如果泡沫太小，就會因為撒了粉或是放置時間太長，而很快消失。綿密的奶泡不僅能夠維持比較久，還可以做出各種造型。

207

綠茶香草奶昔
green tea vanilla shake

材料
綠茶粉（含糖）14克
牛奶240毫升
香草冰淇淋50克
綠茶巧克力餅乾
　（KitKat）1個
冰塊（正方形）1個

有時候會很想喝超甜的飲料，有壓力的時候、憂鬱的時候、心情好的時候，不管是什麼時候都沒關係，只要有一杯綠茶香草奶昔。KitKat餅乾放在奶昔裡面，不僅能夠保留巧克力的酥脆口感，而且還超級無敵好吃。一小口奶昔配一小塊KitKat，就可以補充一天的糖分啦。

作法

[1] 綠茶粉、牛奶、冰塊用調理機快速打在一起。
　　*為了有甜味，所以選用了含糖的綠茶粉，我使用的是BTS綠茶綜
　　合粉。

[2] 將香草冰淇淋放入步驟1的調理機中，然後再打一次。

[3] 將步驟[2]倒入杯中，用綠茶巧克力餅乾做裝飾。

 加冰淇淋口感更滑順
跟冰塊顆粒的粗細、大小無關，加了冰淇淋之後，奶昔就會更清涼、口感更滑順。即使不另外加糖和糖漿，也能有一定的甜度。

柳橙抹茶特調

orange and green tea ice blended

材料

抹茶 3克
柳橙 2個
柳橙果汁 (含糖)
100毫升
蜂蜜 15克
水 15毫升
冰塊 (正方形) 10個

喝柳橙抹茶特調的時候，總會想起濟州島。會讓人想起坐在開闊的碧綠丘陵上，喝一杯用濟州橘子做成的飲料的美好旅行。無法立刻出發去濟州島的遺憾，不如就用這杯飲料來撫慰一下吧！

作法

[1] 切一片薄薄的柳橙切片，留著最後做裝飾。

[2] 剩下的柳橙果肉挖出來，放入調理機中，加入柳橙汁和冰塊打在一起。

[3] 水煮沸之後，加入抹茶和蜂蜜泡開。

[4] 將步驟[2]的柳橙汁倒入杯中，然後再慢慢倒入步驟[3]的抹茶。

[5] 放上切片的柳橙。

*柳橙切片的底部可以稍微用刀子切開，這樣就能固定在杯緣上。

Tip 用新鮮水果與果汁代替果泥

柳橙的果肉和果皮一起打的時候，味道跟顏色都會變得比較淡，所以記得把果皮剝掉。雖然可以直接用果泥來做，但果泥實在太甜了，所以還是同時使用柳橙果肉跟柳橙汁會比較好。這樣口感比較軟，也能夠品嘗到更濃郁的柳橙味。

綠茶布丁
green tea pudding

材料 (2杯)
綠茶粉6克
明膠片1片
牛奶120毫升
砂糖30克
鮮奶油20毫升

抹茶糖漿
抹茶5克
砂糖60克
水100毫升

沒加糖的綠茶粉用冷水泡會結塊，無法溶解，後味也會很澀。牛奶煮沸後加入綠茶粉泡開，不僅能夠完全溶解，也能夠提升牛奶的甜，加點蜂蜜之後，就能使甜味和清爽感倍增。

作法

[1] 在碗裡倒入大量的冷水，放入明膠片泡10分鐘左右。

[2] 將綠茶粉、牛奶、砂糖裝入鍋中，用中火加熱。

[3] 等步驟[2]的牛奶煮沸之後就關火，加入鮮奶油攪拌均勻。

[4] 將明膠片撈出來，把水擠乾之後放入步驟[3]的鍋中，拌勻之後再用篩子篩一次。

[5] 把抹茶糖漿的材料全部裝入醬料鍋中，煮2分鐘後放涼。

[6] 兩個玻璃瓶各裝5毫升的抹茶糖漿，接著再各倒入70毫升步驟[4]的牛奶，接著放入冰箱冷藏4小時等待凝固。

[7] 把玻璃瓶拿出來，再各倒上10毫升的抹茶糖漿。

 明膠片要用冷水泡

明膠片是要泡過水才能使用的東西，不泡水就直接放進牛奶裡會結塊，就做不出Q彈的布丁了。所以請先用冷水泡10分鐘，把水擠乾之後再使用。

2_紅茶與香草茶

紅茶和香草茶香味層次都很豐富，
如果只做成冰茶來喝那就太可惜了。
試著加水果、牛奶、濃縮咖啡，做成更特別的飲品吧。

香草紅茶
iced black tea and herb

材料

紅茶 (伯爵茶) 4克
水 300毫升
乾檸檬切片 1片
香草 (迷迭香、百里香)
適量
冰塊 (正方形) 12個

清淡的冰茶是每個人都能接受的選擇。雖然大家都知道多喝水對健康有益,但要養成習慣真的不是件容易的事。不過只要有冰塊和紅茶,補充水分就輕鬆多了。就用帶點香蜂草味道的伯爵茶,輕鬆地體驗紅茶的魅力吧!

作法

[1] 水煮沸後倒入茶壺裡,放入紅茶泡大約5分鐘。

[2] 杯中裝滿冰塊。

[3] 將步驟[1]的紅茶倒入杯中。

[4] 用檸檬和香草做裝飾。

*適合用來裝飾的香草分別是迷迭香和百里香。迷迭香的味道比較重,所以不要加太多,大概剪個一株半就夠了。另外也可以用乾檸檬來代替香草,也可以依照個人喜好搭配一些糖漿。

 Tip **茶葉用茶壺泡比較方便**

紅茶的種類很多,沖泡的時間和溫度也都不一樣。如果泡太久,或是用太熱的水去泡,反而會使紅茶的味道和香味跑掉,喝起來變得很澀。泡茶葉的時候,建議使用茶壺會比較方便。沖泡之前先確認紅茶包裝的說明,將茶葉放入茶壺中,並遵守建議的溫度與時間。通常都是用85~90度C的水,泡5分鐘左右。

伯爵檸檬特調
earl grey and lemon ice blended

材料

紅茶（伯爵茶）3克
水400毫升
檸檬1個
蜂蜜15克

我想透過這杯飲料呈現的，是水在岩石表面結成一層薄霜的樣子，是不是光看就覺得透心涼呢？堆積如山的冰塊上放了大量的檸檬皮，喝起來更加清爽。檸檬的清爽搭配伯爵茶的深沉滋味，絕對能留下特別的回憶。

作法

[1] 水煮沸之後放入紅茶，泡約5分鐘。

[2] 紅茶泡好之後，用濾茶器將茶葉濾出來，放涼後再倒入製冰模裡，放入冰箱冷凍約6小時。

[3] 切下一片檸檬，皮的部分拿去磨碎。然後再把檸檬切成一半拿去榨汁。

[4] 在果汁機裡放入10顆紅茶冰塊，倒入檸檬汁、蜂蜜之後啟動，打約30秒左右。
　　*不要打得像思慕昔一樣綿密，建議可以分3～4次短暫地啟動果汁機再停下，這樣才能夠保留冰塊的顆粒。

[5] 將紅茶冰塊裝入杯中。

[6] 把步驟[3]磨好的檸檬皮放在冰塊上做裝飾，然後再將檸檬切片插在上頭。

 Tip 檸檬皮磨碎的口感比較好

因為是要用到檸檬皮的飲料，所以建議要把檸檬洗乾淨。先用粗鹽搓洗，然後再用蘇打粉搓洗兩次，就可以把檸檬洗乾淨。最後再用熱水加點醋，短暫地浸泡幾秒即可。檸檬洗好之後就把水分擦乾，將蒂頭切掉，再用刨絲板來把檸檬削成片狀。這樣就不只有裝飾的作用，更能夠增添檸檬香與口感。但白色的部分會比較苦，建議指使用黃色的部分就好。

煉乳奶茶
milk tea with condensed milk

材料

紅茶（英式早餐茶）茶
包 1個
水100毫升
牛奶200毫升
煉乳30克
冰塊（正方形）2個

偶爾想喝基本款的時候，推薦大家可以試做看看這杯奶茶。可依照個人喜好使用冰的牛奶，也可以只放一、兩個冰塊，這樣也能夠讓奶茶可以有非常美的漸層。一開始可以喝到紅茶的茶香，接下來就能品嘗到甜甜的奶味。

作法

[1] 紅茶茶包泡在水裡拿去冷藏，冰12小時冷萃。

[2] 在牛奶中加入煉乳攪拌。

[3] 將攪拌完成的牛奶與煉乳倒入杯中。

[4] 放入冰塊，然後把茶匙轉成背面，慢慢地將冷萃好的紅茶沿著茶
    匙背面倒入杯中。

 要做漸層時，就用湯匙輔助吧

跟利用溫差來做出漸層的方法不同，稍微放點冰塊在牛奶中，或直接倒入冰牛奶打底，再倒入紅茶的話，就能做出非常淺的漸層。方法就是煉乳加入牛奶中之後，再把湯匙翻面，然後讓紅茶沿著湯匙的背面慢慢流入杯中就可以了。如果是用紅茶糖漿的話，糖漿會往底部沉下去，這樣反而不會產生漸層。而這裡使用的是冷萃紅茶，沒有經過其他的處理。

漂浮奶茶
milk tea float

漂浮的特色是在飲料上面放冰淇淋會打發鮮奶油，再用湯匙一匙一匙地舀來吃。讓奶茶結凍之後打成冰沙，然後再放上一球自己喜歡的冰淇淋，就可以配著奶茶的溫柔甜蜜，幫自己好好充個電。

材料

紅茶（伯爵茶）6克
牛奶240毫升
肉桂糖漿25毫升（參考第59頁）
香草冰淇淋40克

作法

[1] 在鍋中倒入200毫升的牛奶，以大火煮沸。

[2] 開始冒泡之後就加入紅茶與肉桂糖漿，然後滾個3分鐘左右。

[3] 等牛奶開始變色就關火，放涼之後再用濾茶器把茶葉濾掉。

[4] 將步驟[3]的奶茶倒入製冰模中冷凍。

[5] 將10～12顆奶茶冰塊放入果汁機中，加40毫升的牛奶後打成冰沙。

[6] 將步驟[5]的冰沙裝入杯中，再用湯匙舀一點香草冰淇淋放在上面。

Tip 紅茶要泡得濃一點

牛奶要是太多，紅茶的味道就會變得比較淡，建議可以多加一點茶葉。當原本浮在水面上的茶葉沉下去的時候，就是可以關火的時候。泡茶的時候，茶葉要看起來像在跳舞，這樣才能煮出不苦澀的美味紅茶。

脆皮巧克力冰淇淋奶茶
milk tea with tico ice cream

材料
伯爵茶糖漿25毫升（參考第57頁）
牛奶200毫升
濃縮咖啡30毫升
Tico脆皮巧克力冰淇淋1個
冰塊（正方形）5個

小時候都覺得Tico脆皮巧克力冰淇淋這款點心，真的是帶我走進全新的世界。咬一口就能品嘗到大量的香草冰淇淋，以及脆皮巧克力的酥脆口感，真的是令人回味無窮。喝一口加了咖啡的奶茶，然後再咬一口冰淇淋，享受一下甜蜜滋味吧。

作法
[1] 將伯爵茶糖漿倒入杯中。

[2] 加入冰塊和牛奶。
*如果想讓脆皮巧克力冰淇淋的巧克力，融在飲料裡面的話，那可以把冰淇淋直接放在冰塊上面。

[3] 用尖嘴的濃縮咖啡杯，把濃縮咖啡慢慢地倒入杯中。

[4] 用脆皮巧克力冰淇淋做裝飾。

Tip 加入濃縮咖啡更香醇

有人覺得紅茶和牛奶的組合，會產生一種很奇妙的化妝品味，進而對紅茶產生抗拒感。但咖啡跟牛奶的結合，就是苦澀與香醇順口的融合，可以喝到深沉但卻不會令人產生抗拒感的美味。

草莓奶茶
strawberry milk tea

材料

紅茶（大吉嶺）茶包
1個
牛奶200毫升
草莓5個
砂糖25克

當帶著隱約香味的紅茶，與紅色的豔麗草莓相遇，就會一直聞到很甜蜜的氣味。這樣的氣味，肯定會讓你在飲用之前，鼻子忍不住越靠越近、越靠越近。一起來做一杯充滿甜蜜滋味與隱約香氣草莓奶茶吧。

作法

[1] 將紅茶茶包與牛奶放入密封容器中，並放進冰箱冷藏24小時。

[2] 將4顆草莓洗乾淨，摘除蒂頭之後裝在小碗裡面壓成泥。

[3] 在草莓泥裡加入砂糖，拌勻之後裝入杯中。

[4] 倒入冷萃好的紅茶。

[5] 拿1顆草莓切塊，放在旁邊做裝飾。

Tip　紅茶要冷萃

草莓奶茶要用的不是茶葉跟牛奶一起煮成的奶茶，而是冷萃的紅茶。這樣才能夠與甜甜的草莓完美結合，並品嘗到更濃郁的紅茶香。睡覺之前把茶包和牛奶裝在密封容器裡，放進冰箱裡冷藏，就可以趁睡覺的時候把紅茶泡好，不用擔心等待的時間太無聊。

木槿奶蓋茶
hibiscus cream tea

材料

木槿茶包2個
水500毫升
打發鮮奶油160毫升
砂糖20克
蜂蜜30克
冰塊（正方形）10個

木槿的顏色濃烈且美麗，非常容易上癮，喝過一次就令人難以忘懷。吃太多的時候喝一杯木槿茶，不僅可以幫助消化，更能夠消除水腫，優點非常多。也因為不含咖啡因，所以晚上也能夠享用。再加點奶油，甜甜的更好喝。

作法

[1] 水煮沸之後倒入茶壺中，放入木槿茶包浸泡約5分鐘。

[2] 把茶包拿出來，加入蜂蜜攪拌之後放涼。

[3] 將鮮奶油和砂糖倒入碗中，用電動攪拌器打3～40秒。

[4] 拿兩個杯子，各放5顆冰塊。

[5] 兩個杯子各倒入250毫升加蜂蜜的木槿茶。

[6] 分別倒入80毫升的打發鮮奶油。

 木槿茶包2個就夠

雖然茶包的茶葉比較小，份量也比較少，但還是可以泡得很濃。用熱水泡2～3分鐘左右，就可以泡出紅色的茶水，不過建議可以泡到5分鐘讓茶濃郁一點。木槿茶不必一定要用高溫才能泡，但如果是用低溫沖泡的話，建議要泡到10分鐘。

巧克力茶拿鐵
chocolate tea latte

材料

紅茶 (伯爵茶) 3克
水 60毫升
巧克力粉 25克
牛奶 120毫升
巧克力 5克
冰塊 (圓形) 4～5個

在眾多的紅茶當中，伯爵茶特別適合搭配巧克力。有時候可以在咖啡廳看到這樣的選擇，顯然這是一個受到認同的組合。即使是因為太甜而不喜歡巧克力拿鐵的人，應該也可以毫無負擔地享用這道飲品。搭配一片濃郁的起司蛋糕，肯定會是無與倫比的幸福時光。

作法

[1] 水煮沸之後加入紅茶，泡5分鐘。

[2] 用濾茶器過濾步驟[1]的茶，然後再加入巧克力粉攪拌。
 *法芙娜 (valrhona) 巧克力粉這種濃郁的無糖巧克力粉很好吃。

[3] 牛奶用微波爐加熱40秒，然後再用電動攪拌器打30秒打出奶泡。

[4] 在杯中放2顆冰塊，並倒入紅茶。

[5] 倒入步驟[3]的牛奶，再用湯匙輕輕地將奶泡放上去。

[6] 把巧克力切碎，撒在上面做裝飾。

Tip　用溫熱的紅茶溶解巧克力

巧克力粉如果沒有溶解，飲料喝完之後就會發現它們全部沉澱在杯底，所以我推薦用溫熱的紅茶來溶解巧克力粉，這樣就能夠做出口感溫順的巧克力基底了。濃郁的紅茶裡加入巧克力粉，不僅味道適中，香味也會更加濃郁。

柚子洋甘菊茶
yuja and chamomile tea

材料

柚子酵素30克 (參考第
51頁)

洋甘菊茶包1個

水300毫升

冰塊 (圓形) 8個

柚子和洋甘菊的淡黃色,都是能讓人感到心情平靜的顏色。
在覺得不太適合喝咖啡或紅茶的時候,這就是很好的選擇。
因為用了柚子酵素,所以稍微蓋過了洋甘菊的味道,但還是
可以同時聞到柚子跟洋甘菊的香味喔!

作法

[1] 水煮沸之後放入洋甘菊茶包,泡5分鐘後將茶包拿出來。

[2] 在步驟[1]的洋甘菊茶中加入柚子酵素,並攪拌均勻。

[3] 在杯中放入冰塊。

[4] 把步驟[2]的柚子洋甘菊茶倒入杯中。

Tip　先把茶泡好,再加入酵素

柚子酵素很濃稠,泡在冷水裡面會攪不散。建議把柚子酵素加在90
～100度,剛泡好的洋甘菊茶裡,攪散之後再倒入杯子裡面。

莓果紅茶
red berries iced tea

材料

紅茶（綜合莓果）茶包
1個
水 400毫升
冷凍綜合莓果 90克
砂糖 50克
檸檬汁 10毫升

這飲料中加了三種莓果，非常的清涼爽口。心情憂鬱或是開心不起來的時候，就來喝一杯莓果紅茶吧。清爽的滋味絕對能讓你開心起來！杯子裡淡淡的紫紅色，能夠同時滿足你的眼睛和嘴巴。

作法

[1] 在鍋中加入水100毫升、綜合莓果70克和砂糖熬煮。等砂糖溶化後就倒入檸檬汁，燉煮至黏稠狀後就關火。

[2] 將燉煮好的綜合莓果放涼，用濾網濾過之後，再用湯匙用力擠壓，把剩餘的果汁擠出來。

[3] 把剩下的莓果放入製冰模裡，每一格一顆，然後再各倒入10毫升的莓果汁，接著放入冰箱冷凍一天。

[4] 用300毫升的水泡茶包，浸泡約5分鐘後把茶包拿出來。

[5] 在杯子裡放入10～12顆的莓果冰塊。

[6] 倒入步驟[1]煮好的莓果糖漿。

 以水果糖漿代替色素

綜合莓果加糖燉煮後，即使不加色素也能夠呈現非常漂亮的顏色。這正是被稱為水果糖漿的天然色素。用莓果來做糖漿，就能夠做出帶點美麗紫色的糖漿囉。

紅茶檸檬氣泡飲

black tea lemon ade

材料

紅茶 (阿薩姆) 茶包
1個
水 100毫升
檸檬 1個
氣泡水 150毫升
冰塊 (迷你碎冰) 20克

檸檬中的檸檬酸，可以幫助恢復疲勞。疲憊的時候，或是天氣太熱睡不著的時候，就做一杯加了紅茶跟檸檬的氣泡飲吧。檸檬新鮮的酸味和紅茶的隱約香氣，可以幫你趕走疲勞。

作法

[1] 將茶包放入水中，放進冰箱裡冷藏5小時，冷萃完成後再將茶包拿出來。

[2] 將檸檬切成一半，用榨汁機壓成檸檬汁。

[3] 將檸檬汁、紅茶和冰塊裝入雪克杯中。
  *如果是加方形的冰塊，這樣即使冰塊融化，也還是可以維持一定的低溫。

[4] 適當地搖晃雪克杯之後，再把檸檬紅茶倒入杯中，然後加入氣泡水。

Tip **檸檬洗乾淨後再榨汁**

雖然不會用到檸檬皮，但還是要洗乾淨以後再榨汁，這樣才能夠做出一杯乾淨的飲料。檸檬對切之後，放到榨汁機上，以順時針方向轉動即可榨出檸檬汁。每一顆檸檬大概可以榨出40～50毫升左右的果汁。

每天，每天 Home Café：77 種咖啡館人氣飲品，在家輕鬆重現

作　　者 / 朴星美（Park Seong Mi）
美術設計 / FE 設計葉馥儀
內頁編排 / 鏍絲釘
副 主 編 / 蔡月薰
內文校對 / 何怡樺

董事長 / 趙政岷
出版者 / 時報文化出版企業股份有限公司
108019 台北市和平西路三段 240 號 7 樓
發行專線 /（02）2306-6842
讀者服務專線 / 0800-231-705、（02）2304-7103
讀者服務傳真 /（02）2304-6858
郵撥 / 1934-4724 時報文化出版公司
信箱 / 10899 臺北華江橋郵局第 99 信箱
時報悅讀網 / www.readingtimes.com.tw
電子郵件信箱 / books@readingtimes.com.tw
法律顧問 / 理律法律事務所 陳長文律師、李念祖律師
印 刷 / 和楹印刷有限公司
初版一刷 / 2020 年 1 月 31 日
初版四刷 / 2022 年 8 月 8 日
定　　價 / 新台幣 380 元

時報文化出版公司成立於一九七五年，並於一九九九年股票上櫃公開發行，
於二○○八年脫離中時集團非屬旺中，以「尊重智慧與創意的文化事業」為信念。

每天，每天 Home Café：77 種咖啡館人氣飲品，在家輕鬆重現
/ 朴星美作 . -- 初版 . -- 臺北市：時報文化，2020.01
　面；　公分
ISBN 978-957-13-6003-4（平裝）

1. 咖啡

427.42　　　　　　　　　　　　　　108022030